献给

创造南艺历史的奠基者

铸就南艺辉煌的改革者

塑造南艺校园的建设者

续写南艺明天的后来者

《 闳约深美——南京艺术学院校园规划与建筑 》

主编单位

南京艺术学院　中国建筑设计研究院

编辑委员会

学术顾问　　冯健亲

主　　任　　米如群　崔　恺

编委

邹建平　　黄晓白　　崔　雄　　刘伟冬　　张策华

李立新　　顾新跃　　丁　怡　　张　男　　时　红

主编

南京艺术学院		中国建筑设计研究院	
主　编	崔　雄	主　编	崔　恺
策　划	顾新跃	策　划	张广源
	丁　怡		
执行主编	李立新	执行主编	张　男
文字编辑	李立新	文字编辑	谭雅宁
美术编辑	蒋　杰	美术编辑	冯夏荫
校园摄影	贾　方等	建筑摄影	张广源

闳/约/深/美

南京艺术学院 | 校园规划与建筑

南京艺术学院 | 中国建筑设计研究院 主编

中国建筑工业出版社
China Architecture & Building Press

目录

南艺往昔

南京艺术学院是中国最早建立的高等艺术院校之一,已有一百年的办学历史,其前身可追溯到1912年中国艺术教育的奠基人刘海粟先生创办的上海美术专门学校。在这所历史悠久的艺术殿堂中涌现出一大批中国近现代史上杰出的艺术家、教育家和文化名人。经过一个世纪的建设和发展,南京艺术学院经风雨而茁壮,历沧桑而弥坚,已发展成为在国内外卓有影响的综合性高等艺术学府。

上海美专永锡堂校址大门（1923年）

闳约深美 源远流长

一

南京艺术学院，是由创办于20世纪初叶，我国最早的两所著名私立艺术院校——上海美术专门学校和苏州美术专科学校，在1952年与山东大学艺术系美术、音乐两科合并组建的华东艺术专科学校基础上延续而来的。学校历经百年发展，正可谓是我国现当代艺术教育跨越一个世纪发展的历史见证。回溯历史，从辛亥革命到"五四"运动前后，正是我国教育走向现代化并取得重大进步的关键时期。在此时期，一批新式美术专门学校在上海、北京、南京、杭州和苏州等城市肇始并得到迅速发展。这些美术学校的建立，旨在通过传播先进的西方文化艺术到中国，以此改造已经趋于迂腐僵死的封建旧文化和旧艺术。1912年11月，年仅17岁的刘海粟，怀揣着改造艺术的梦想，以"研究西方艺术的蕴奥"为开端，以"发展东方固有的艺术"为宗旨，和画友在上海创办了图画美术院，从此拉开了我国新美术运动的序幕，并开创了我国新式艺术教育的先河。十年后的1922年9月，颜文樑邀集同道画友在毗邻上海的苏州创建了苏州美术专科学校。这两所私立美术学校的创建，在民国初年已与清末只将美术教育作为技艺教育附属品的做法有了根本的区别，其办学主旨突出艺术素养的培育，鲜明提出了以"涵养美感"、"养成工作之趣味、勤劳之习惯"，作为培养具有全面人格发展教育的组成部分。可以说，这两所美术学校的创办，无论是在教学体制上，还是在教学内容上都已具备了现代学校教育的基本要求。

上海图画美术院创办伊始，年轻的创办者就立下了三项宣言："第一，我们要发展东方固有的艺术，研究西方艺术的蕴奥；第二，我们要在残酷无情、干燥枯寂的社会里，尽宣传艺术的责任，因为我们相信艺术能够匡济现时中国民众的烦苦，能够惊觉一般人的睡梦；第

三，我们原没有什么学问，我们却自信有这样研究和宣传的诚心。"刘海粟将上海美专的创办与发展和民族文化振兴的命运紧紧相连，用艺术教育和艺术革新来启迪民智，救亡图存。刘海粟甚至提出"艺术教育就是艺术的精神，通过教育以培养育化人类美的本能和美的感情"。他的这一教育思想充分体现了艺术教育不能仅仅局限于技艺教育，而应以"艺术代宗教"，以艺术促进思想启蒙和思想革命。可以说，刘海粟主张的艺术教育在当时具备了先进的教育理念，并将艺术救国的思想贯彻于办学的始终，进而成为上海美专师生的共同行动纲领。

苏州美专自始至终坚持走现实主义艺术教育的道路，创办伊始就提出写生为主要的学习课目。颜文樑将自己从法国购置的四百多件石膏教具连同一万余册美术图书资料充实其中，赋予苏州美专培养艺术人才的丰厚条件。与此同时，美专还在专业改制过程中强调"贯彻教育联系生产实际，培养社会需要的有用之才"；增设实用美术科，专辟印刷、铸字、制版、摄影工场以备实习之用。为此，颜文樑亲自赴沪订购德国名厂生产的各种制版印刷设备，开启了学校教育走出校门，开办实业直接服务于社会的先河。在颜文樑倡导下，美专还创办了当时较具前沿的动画科并首期招生四十余人。颜文樑在校董会召集的一次联谊会上指出"动画是美术普及的新事物，国内电影事业的蓬勃发展必将需要大量的动画人才，而电影界是培养不出绘制人才的，唯美专能胜此任"。此举显示了颜文樑紧跟时代，适应产业需求培养专业人才的敏锐嗅觉和自觉意识。

由此可见，两所学校的创办者都不局限于美术教育的藩篱，而是从更加广阔的立足点来审视社会、观察艺术和把握文化发展的潮流，力图改变长期禁锢思想进步、一味讲求祖述师承的守旧艺术的思想。这便决定了

他们在介绍和传播西方美术教育理念与方法的同时，已与外国传教士或商人传播西方艺术有着本质不同的出发点和视角。从关心社会发展教育的角度上说，这两所美术专门学校的建立已经体现出现代艺术教育独具特色的滥觞，启迪民智、追求自由、力求改变国家和民族文化发展的命运。

成立于1938年抗战时期的华东大学，是中共胶东抗日民主根据地的党组织培养军队和地方干部的重要学校，1948年设立的文艺系是党联系文艺界的重要桥梁和人才培养基地，培养的大批文艺骨干充实到解放区的各个文化领域，发挥出巨大的作用。1949年华东大学迁济南与齐鲁大学同处办学，学校的教育逐步走向正规化和系统化，形成美术、音乐、戏剧和普及教育完善的教学体系，对外又有华大文工团，服务于部队和解放区文艺事业的大发展。1950年与山东大学合并成立山大艺术系，又根据解放战争形势的需要，将活跃在山东解放区的渤海、胶东、鲁中南等地区的七个文工团合并进来，扩大了系科建制，充实了文艺人才，此时又开始对地方招生，吸收了大量德才兼备的人才，成为山东解放区一批在革命战争中从事文化工作的骨干。他们奔赴前线慰问解放军，到后方发动群众土改，动员支前，成为有文化、有艺术素养、能文能武的文化战斗队伍，在支援革命战争、土地革命运动及大生产运动中发挥了积极的作用，为新中国培养了一批革命文艺工作者。

二

作为我国近现代第一所私立美术学校——上海美专，在其发展历程中培养造就出遍及海内外众多的知名艺术家，可谓是一所蜚声海内外的艺术名校。在20世纪初叶至50年代初期，上海美专之所以能够取得这样的办学声誉，是与该校创办者刘海粟深受蔡元培关于美

上海美专

育和"思想自由，兼容并包"的教育主张分不开的。同时，刘海粟自己不仅是我国新美术运动的先驱者，又是现代美术教育的奠基人之一。他研究西方艺术，将其介绍到国内；又竭力弘扬我国传统艺术精神，将其介绍到国外。他的艺术思想既强调中西融合，西为中用；又主张学术自由，兼容并蓄，追求多样化；提倡创新和加强传统"诗书画"的全面修养，以自己独特的艺术创作，活跃于现代艺坛。正是如此，刘海粟针对上海美专的办学宗旨特别提出："我们要发展东方固有的艺术，研究西方艺术的蕴奥；我们要在残酷无情、干燥枯寂的社会里，尽宣传艺术的责任，并谋中华艺术的复兴；我们原没有什么学问，我们却自信有研究和宣传的诚心。"该校尤在引鉴西方教育方式、教授西画方面成绩显著，且注重师法自然，尊重学生艺术个性，提倡艺术风格之多样化。诚如刘海粟在《上海美专十年回顾》一文中提

到，"况且美专之在中国，要依什么章程也无从依起，处处要自己依着实际情形实事求是去做，因此就时时发生变动"。一方面体现出刘海粟认为学校的教学体制和教育方法应该是灵活多变、不断创新的；另一方面也体现了我国当时还没有成熟的美术教学经验可供参考借鉴。因此，上海美专对我国艺术教育的探索无疑是具有开创性的意义，对我国近代艺术教育产生了重要的影响。诸如旅行写生、引入人体模特、男女同校、绘画工作室的教育制度、创办学术期刊、中画西教、中西结合等等教学体系和教学方法，也逐渐发展成为我国近现代美术教育的普遍模式并延续至今。我们至今仍然熟知并由衷敬佩的"模特事件"，无论是当时还是对于现在，不啻是一次思想文化领域的革命。1914年上海美专开始采用人体模特作写生练习，1917年在该校成绩展览会上第一次公开陈列人体写生素描即遭攻击，刘海粟同时被骂作"艺术叛徒"。1926年，上海知县危道丰及军阀孙传芳再度出面干预使用人体模特，并下令通缉刘海粟。刘海粟据理力争，终致获胜，人体模特并在其他艺术院校得以推广使用。轰动一时的"模特事件"，无疑促进了画家在对人物塑造技法上的进步，也打开了艺术创作的思路，更是推动了大众思想观念的深刻转变。

而在倡导艺术创作思路转变过程中，刘海粟以实际行动践行着蔡元培"思想自由、兼容并包"的教育主张。刘海粟提出："画理之精微，艺术之博大，岂止一家一派之所能尽。"为此，上海美专聘请各种画派、各路画家来校进行教学示范。除此之外，还邀请社会名流、学术精英和进步人士到学校进行演讲，像我国近代史上著名的大家学人胡适、梁启超、陈独秀、徐志摩、黄炎培、郭沫若等都曾在上海美专讲学。这些举措在现在看来依然是非常先进的教育理念，是真正拓宽学生视野，促进各种思想和文化交流的必要手段或渠道。由

苏州美专大门

山东大学大门

之，上海美专十分重视在日常教学过程中对学生个性的培养和发挥，避免死板的照本宣科，提出破除学院主义、容纳新型画风、解放思想个性、尊重自然造化、反对简单的抄袭模仿。再有，上海美专还组建了众多的美术团体和学生社团，在这种开放式教学模式下，学习中国画的赵丹走上了表演舞台，成为我国现当代著名的表演艺术家；而与他同学的王为一则成为著名的电影导演；又有学习绘画的吴印咸、沙飞、俞创硕、郑景康走上了摄影艺术的道路，成为我国现当代摄影艺术重要的奠基人。

如果说，上海美专的办学是以"思想自由、兼容并包"为特色的话，那么，苏州美专则是以"西学中用"坚持走现实主义艺术教育的道路，并提出服务于社会的实用美术教育为其教学主导。这是颜文樑创办苏州美专留给我国现当代美术教育事业的珍贵财富。

颜文樑在20世纪初创办苏州美专之时，正值东西方文化碰撞与交融的激荡时期，颜文樑紧随新文化潮流，以放眼世界、海纳百川的胸襟，引入西方"科学"为核心的美术教学方法，积极推进美术教育的现代化。他一生致力于西画教育，从素描抓起，亲自给学生讲授构图、透视、色彩等课程。他借鉴欧洲美术教育经验，并在实践中探索，使苏州美专逐步确立了自己的美术教育思想和体系，集中体现在美术与实用美术两者兼取、相辅相成。颜文樑在论及美术创作时说："以真为目的，以善为标准，而达于美之极致。"即从追求绘画的自然、逼真、高雅、唯美出发，在西画教育中融入国画用笔、气韵与意境，在国画教学中吸收西欧的造型、色彩与透视，融会贯通，相得益彰，达到真、善、美的理想境界。这表明，苏州美专推行的教育思想并不忽视中国画传统，学校仍然坚持中西结合，始终设有国画系，这在当时可以说是独树一帜。这期间，苏州美专的发展得益于颜文樑在法国期间，为学校购置古希腊、古罗马与

南京艺术学院黄瓜园校址

文艺复兴时期名作、石膏像复制品460余件，国外图书资料万余册，并按国外标准复制画架、画箱等，使美专拥有国内首屈一指的教学设备；苏州美专还建立了国内最早的地方性美术馆——苏州美术馆，为现代美术的普及和推广做出了很大贡献。苏州美专为我国现代美术事业培养了众多优秀人才，如创作《开国大典》的著名油画家董希文就是苏州美专的校友。

苏州美专的实用美术教育思想集中反映在颜文樑于20世纪三四十年代发表的多篇论文中，他在《艺术教育今后之趋势》一文中指出："则18世纪以前的艺术，其所教育趋向于美的装饰的，而也是再现的。19世纪后的艺术教育则趋于实用的、综合的，而也是创造的。前者是'模拟自然'以装饰社会美化人生。后者是'创造自然'以为用社会达人生于善。明乎此理则艺术教育今后之趋向与趋向之若何途径，我人已可了然心中。"他于其后发表的《从生产教育推想到实用美术之必要》一文，更是明确实用美术教育发展的必要性。这使得苏州美专在当年打破了美术学校设系的框框，实行教育与生产相结合，开设实用美术科，下设印刷制版工场，引进整套工艺设备和印刷机器，聘请技师共同开展教学活动，为改变当时落后的实用美术教育探索了办学之路，积累了办学经验，发挥了重要的示范作用。抗战胜利后，颜文樑又发表了《中国艺术教育论》一文，指出"艺术教育正是广博宏大，决非狭隘的象牙之塔、可望而不可及"，并明确提出艺术教育可分为纯粹艺术、艺术师资、实用艺术三个部分，阐明了艺术教育应用于生产生活的主张。沿着这一方向，新中国成立后，学校又增设动画科，为新中国培养了急需的动画人才。半个世纪前上海美术电影制片厂的创作骨干中，苏州美专校友竟有30多人。由校友钱家骏、徐锦达创作的水墨动画片《小蝌蚪找妈妈》，校友严定宪、林文肖、浦稼祥、陆青设计的美术

片《大闹天宫》，分别获得国内外多个大奖，并在国际上引起轰动。

1952年山东大学艺术系，在华东区高校院系调整中兼负起接受和改造私立学校的重任，而成为新中国艺术教育的一支骨干力量。当她与上海美专和苏州美专合并，组建成为华东艺术专科学校，迁址无锡，一跃而为当时全国大区级五所艺术院校之一。在我国现当代历史中上海美专和苏州美专是最具代表性的私立美术学校，在一定程度上可说是开创并引领了我国现当代艺术教育的成长与发展。而由华东大学艺术系合并组建成立的山东大学艺术系，则是在中国共产党领导下，历经革命战火洗礼，弘扬延安鲁艺传统、传承延安鲁艺热忱，为延安鲁艺精神发扬光大贡献一份力量的红色之旅。

1952年10月，三校合并，不但增强了学校的整体办学实力，而且真正扩大了艺术学科的门类；尤其是山东大学艺术系音乐科的并入，增强了学校音乐学科的基础实力，来自山东大学艺术系的姜希、程午加、瞿安华等为南京艺术学院、华东地区乃至全国的民乐发展做出了重要的贡献。而富有革命底蕴、政治思想坚定的山东大学艺术系，又为两所私立美术学校注入了社会主义办学思想，坚定了社会主义办学方向。从此，华东艺专、南京艺专及至后来的南京艺术学院，在党的教育方针正确指引下，秉承"闳约深美"和"不息变动"、"不息改造"的办学精神，发扬革命精神，筚路蓝缕、奋发进取，发展成为在国内外卓有影响的综合性高等艺术学府。

三

从黄浦江畔到太湖之滨，从齐鲁大地到钟阜胜地，一百年来，南京艺术学院几迁校址、几易其名，学校经风雨而茁壮，历沧桑而弥坚，在探索中，勇于创新、勇

于求变,在各个历史时期书写出自己的辉煌。近30年来,得益于改革开放,学校发展得到了广阔前程,开创了艺术教育的崭新局面。

学校在"三校"合并后,办学实力大为增强,尤其是从无锡迁入南京后,在六朝古都千年文化的滋养下,走上了一条快速发展的道路。20世纪五六十年代,在美术学科聚集了刘海粟、俞剑华、刘汝醴、温肇桐、谢海燕、陈大羽、朱士杰、李长白等一大批名家大师;音乐学科有甘涛、黄友葵、瞿安华、程午嘉、洪潘、马幼梅、盛雪等人;工艺美术学科有陈之佛、罗未子、高孟焕、张云和等,名师云集,办学实力雄厚,为学校的进一步发展奠定了坚实的基础。"文革"期间,学校克服重重困难,尽可能坚持办学,在特殊时期为国家和社会培养了一批艺术骨干人才,这也使得南京艺术学院成为"文革"后期在全国最先恢复招生的艺术院校之一。

"文革"结束后,1977年恢复高考,关闭十年之久的高考大门终于重新向社会打开。这年冬天举行的考试,学校及时调整招生思路,确定面向社会招收德才兼备的拔尖艺术人才,连同1978年夏季的招生,两次共有二百余名学生入学,这是自1952年"三校"合并之后截至当年,学校历史上招生人数最多的两次。同在1978年夏季,学校开始启动研究生培养工作,当年招收了中国画、油画、美术史论、工艺美术、民族器乐、钢琴和民族音乐理论七个专业的研究生,成为"文革"之后国内首批招收研究生的高校之一。到1981年,中国画艺术研究、美术历史及理论研究和声乐艺术研究三个专业,由国务院学位委员会正式批准为硕士学位授予权的专业点。至1986年,美术历史及理论专业又获得博士学位授予权的专业点。

20世纪80年代,面对"文革"之后艺术教育百废待

兴的局面,学校加强学科建设和梯队培养,使传统的优势学科再次焕发出勃勃生机,并在很大程度上推动了学校学科的整体发展。此时,美术、音乐和工艺美术三大学科在全国艺术界形成了较大的影响。诸如,美术学科在刘汝醴、温肇桐、林树中、周积寅等教授的努力下,出版了大量的学术著作,一举成为新时期全国美术史论研究的重镇。音乐学科于1980年6月,经文化部批准由学校发起举办的首届民族音乐学学术讨论会,对我国民族音乐学学科的发展起到重要的推动作用。高厚永教授此时提出的中国民族音乐学理论研究,既奠定了中国民族音乐学学科的历史地位,又成为日后音乐学界重要的学科研究方向。工艺美术学科在1982年举行的第一次全国高校图案教学座谈会上,张道一教授以《图案与图案教学》为题发表演讲,提出重建中国图案学的倡议,并系统地阐述了图案学的基本理论,为新时期新兴我国图案教学铺下了第一层基石。关于图案学研究同样成为工艺美术学科学术研究和课程教学改革的核心问题,在我国工艺美术界引起了很大的反响。

进入新世纪,高校由精英教育向大众化转变的过程中,南京艺术学院的教学改革和实践再次走到了全国的前列,在全国同类型艺术院校中率先实行了完全学分制的教学管理模式,为培养新时期社会需要的"德艺兼备"的艺术人才做出了积极的探索和实践,取得了令人瞩目的成就。2003年,学校在教育部首批高等院校本科教学评估工作中获得了"优秀"等级。

2011年3月,由国务院学位委员会和教育部颁布新的《学位授予和人才培养学科目录》,新增了艺术学为第13个学科门类,下辖5个一级学科,即艺术学理论、音乐与舞蹈学、戏剧与影视学、美术学和设计学。此次学科调整方案表明,国家对学科设置非常重视现实因素的考虑,顺应了艺术学学科大发展的要求;进而使艺术学学科在国家政治、经济、文化发展中起到越来越重要的作用,成为推动文化大繁荣、大发展,提升国家软实力的重要力量。南京艺术学院作为百年老校,早在20世纪末就发起了艺术学升格的倡议活动。时任院长的冯健亲教授在全国政协专门会议上做了专题发言,不仅为艺术学升格提出了合理化的建议,而且为艺术学学科的发展在理论上进行了有益的探讨。2007年,全国七所综合性艺术学院协作会议在南京召开,南艺作为东道主提出了"艺术由学科升为门类"的会议主题,并邀请了教育部、文化部及中国艺术研究院的领导、专家与会指导,为艺术学升格做出了重要的贡献。尤其值得称道的是,当艺术学作为门类学科确立后,学校凭借百年积累下来

南京艺术学院丁家桥校址

的学术优势和学科配置完整的条件,一举获得了五个一级学科的全部博士、硕士学位授予权点。这在全国综合性艺术院校中亦是唯一的院校。2012年8月,在原有的艺术学一级学科博士后科研流动站的基础上,学校依托学科发展的优势,又一次获得了其余四个一级学科的博士后科研流动站的管理权,从而使学校的学科建设和科研工作处于历史高端。

百年历程、百年南艺。学校的发展从来没有把自己围囿于狭窄的象牙塔之内,总是在社会发展的宏大视角中,寻找自身发展的方向和空间,因而在历史的长河里总是不缺南京艺术学院的身影。有办学思想的明确指导、有学科建设的瞩目成绩、有教学改革的探索业绩、有校园文化的火热景象,还有文化产业的创新优势。这一切"政产学研"的全面配合与全面推进,提升了学校可持续发展的源动力。

百年南艺,凝聚了"闳约深美"的办学思想。

百年南艺,弘扬着"不息变动"的创新精神。

百年南艺,引领着艺术教育改革和发展的潮流。

百年南艺,在历史的征程中,已成为我国艺术教育百年发展历史的缩影。今天的南京艺术学院,仍将秉承百年来的办学精神,紧抓社会主义文化大发展大繁荣的历史机遇,勇于肩负文化强国的历史使命,在新的历史征程中再创新的辉煌。

华东艺专社桥校址校门

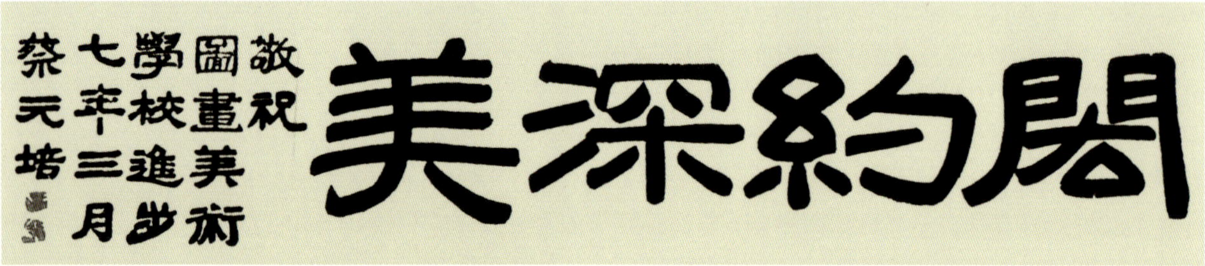

閟約深美

蔡元培先生1918年为学校的题字

　　（清）张惠言在其《词选序》中曾言："唐之词人，温庭筠最高，其言深美闳约"，提倡词要写得"深美闳约"，质实厚重。

　　近代著名教育家蔡元培先生力主"以美育代宗教说"，提出"闳约深美"的意境。1918年春，蔡元培先生书"闳约深美"赠上海美专（上海美术专门学校）。时任上海美专校长的刘海粟先生非常赞同其中所包含的精髓，请人刻成匾额，挂在了礼堂，将其作为办学思想的核心，并对"闳约深美"诠释曰："'闳'就是知识要广阔；'约'就是在博采的基础上加以慎重的选择，吸收对自己有用的东西，人生有限、知识无穷，不能把摊子铺得太大，以便学有专长；'深'就是钻研精神，要入虎穴，得虎子，百折不回；'美'就是最后达到完美之境。"

开创中国近现代美术教育的先行者

人才辈出　群星璀璨

诚實

蔡元培题

闳约深美 —— 蔡元培

蔡元培（1868—1940），中国近代革命家、教育家，曾任北京大学校长，上海美专校董会主席。他提出"思想自由，兼容并包"的主张，使北大成为新文化运动的发祥地。为上海美专题写学训："闳约深美"，对现代中国艺术教育产生重大影响。

不息变动 —— 刘海粟

刘海粟（1896-1994），中国新美术运动的拓荒者、现代美术教育的奠基人，1912年创办上海美术专科学校，先后任上海美专校长和南京艺术学院院长。早年习油画，作品苍古沉雄。后潜心于泼墨国画，十上黄山，气魄过人。所题"不息变动"为南艺秉承之求新精神。

谢海燕（1910-2001），著名国画家、美术教育家，曾任上海美专代理校长、南京艺术学院副院长。著有《谢海燕中国画选集》、《西洋美术史》、《西洋名画家评传》等。

取益在广求 —— 陈之佛

陈之佛（1896-1962），著名工笔花鸟画家，工艺美术教育家，1918年赴日本东京美术学校工艺图案科学习，创办尚美图案馆，先后在上海美专、中大艺术系任教，曾任南京艺术学院副院长。

臧云远（1913-1991），诗人，剧作家、文艺理论家，曾任汉口《自由中国》主编、山东大学艺术系主任、南京艺术学院副院长。著有诗集《炉边》、《云远诗草》，诗剧《苗家月》，长诗《静默的雪山》，歌剧《秋子》以及《艺术史的问题》等。

忍、仁、诚 —— 颜文樑

颜文樑（1893-1988），著名油画家，美术教育家，1922年创办苏州美术专科学校，曾任苏州美专校长和中央美院华东分院副院长。作品《厨房》获1929年法国巴黎春季沙龙荣誉奖。

黄友葵（1908-1990），著名女高音歌唱家、声乐教育家。曾任南京艺术学院副院长。被声乐界誉为"四大女高音歌唱家"之一，在歌剧《柳娘》、《图兰朵》、《茶花女》、《蝴蝶夫人》中任女主角，擅长演唱中外艺术歌曲。代表作有《远望姐妮下田来》，著有《论歌唱艺术》。

赵 丹（1915-1980）

著名表演艺术家。在上海美专求学期间，因主演《C夫人的肖像》一剧而获1932年舞台最佳演员称号。曾主演《十字街头》、《马路天使》、《丽人行》、《乌鸦与麻雀》、《武训传》、《林则徐》、《聂耳》、《海魂》、《烈火中永生》等一系列经典名片。著有《银幕形像塑造》、《地狱之门》。

黄 镇（1909-1989）

历任中国驻法国大使、外交部副部长、文化部部长、中央顾问委员会委员。曾就读于上海美专，擅长中国画，出版有《长征画集》、《黄镇书画选集》。

董希文（1914—1973）

著名油画家。曾在苏州美专学习，担任国立北平艺专、中央美术学院教授。代表作有《开国大典》、《哈萨克牧羊女》、《春到西藏》，出版有《长征路线写生集》、《董希文画辑》等。

吴印咸（1900—1994）

著名摄影艺术家，上海美专毕业，曾任八路军总政治部电影团摄影队长、东北电影制片厂厂长、北京电影学院副院长。是中国革命史上许多重大事件的参与者和记录者，在长达70年的摄影艺术生涯中，拍摄了7部故事片、5部纪录片和数万张照片，并著有20多册摄影艺术书籍。

丁聪（1916—2009）

著名漫画家，舞台美术家。就读于上海美专，曾任重庆中国电影制片厂美术师、《人民画报》副总编辑。主要作品有《阿Q正传插图》、《四世同堂插图》等，出版有《丁聪漫画选》。

南京艺术学院学科设置表

表1：南京艺术学院本科专业沿革——专业批准年份排列

序号	批准年份	专业名称
1		作曲与作曲技术理论
2		音乐表演
3		绘画
4		雕塑
5	1993年以前	美术学
6		工艺美术学
7		服装设计与工程
8		工业设计
9	1999年	表演
10		音乐学
11	2000年	舞蹈编导
12		戏剧影视文学
13	2001年	艺术设计学
14		动画
15		舞蹈学
16	2002年	摄影
17		录音艺术
18	2003年	播音与主持艺术
19		广播电视编导
20		戏剧影视美术设计
21	2005年	公共事业管理
22		艺术教育
23		导演
24	2006年	数字媒体艺术
25	2007年	广告学
26	2008年	作曲与作曲技术理论（五年制）
27		音乐学（五年制）
28	2010年	会展艺术与技术
29		文化产业管理

表2：南京艺术学院全日制专业学位艺术硕士专业目录

序号	专业代码	专业名称	研究方向
1			01声乐表演
2			02中国乐器演奏
3	135101	音乐	03作曲
4			04播音主持
5			05西洋乐器演奏
6			01中国画
7			02油画
8			03版画
9	135107	美术	04壁画
10			05插画
11			06雕塑
12			07书法
13			01平面设计
14			02环境艺术设计
15	135108	艺术设计	03现代手工艺
16			04工业设计
17			05数字媒体艺术
18			06动画艺术

表3：南京艺术学院博士研究生专业(专业研究方向为2012年招生)

序号	专业代码	专业名称	研究方向
1			01中外艺术比较研究
2			02中国传统艺术美学
3	130101	艺术学理论	03文化产业管理
4			04中国艺术经济史
5			05文化遗产保护
6			01近现代作曲技法的理论与实践
7			02作曲与作曲技术理论研究
8			03中国传统音乐美学
9	130201	音乐与舞蹈学	04中国音乐文化
10			05音乐教育
11			06音乐人类学
12			07中国传统音乐
13	130302	戏剧与影视学	01中外电影史
14			02数字媒体艺术研究
15			01中国书法(篆刻)史
16			02中国书(印)论
17			03中西绘画比较研究
18			04外国美术史
19			05中国画艺术研究
20	130401	美术学	06书法(篆刻)创作理论
21			07中国书法(篆刻)史
22			08西方艺术史
23			09艺术史学及理论
24			10美术史与美术考古
25			11中国画论
26			12新中国美术研究
27			01设计教育
28			02设计学
29	130501	设计学	03中国艺术设计史研究
30			04设计文化学研究
31			05外国现代设计史研究
32			06中外设计教育史研究

表4：南京艺术学院艺术硕士（MFA）专业目录

序号	专业代码	专业领域	学院	研究方向	
1				声乐表演	
2			音乐学院	中国乐器演奏	
3	135101	音乐		西洋乐器演奏	
4			影视学院	播音主持	
5				影视表演	
6				雕塑	
7				油画	
8				版画	
9				壁画	
10			美术学院	中国画	中国画（山水）
11	135107	美术			中国画（人物）
12					中国画（花鸟）
13				插画	
14				书法	
15				视觉传达设计	
16			设计学院	环境艺术设计	
17				现代手工艺	
18	135108	艺术设计	工业设计学院	工业设计	
19			传媒学院	数字媒体艺术	
20				动画艺术	

表5：南京艺术学院学术型硕士研究生招生专业目录

序号	专业代码	专业名称	研究方向
1	130101	艺术学	01艺术学原理
2			02艺术美学
3			03艺术史
4			04艺术批评
5			05艺术教育
6			06文化产业
7			07艺术管理
8			08艺术考古
9			09文化遗产保护研究
10			10艺术文化学
11	130201	音乐学	01音乐美学
12			02西方音乐史
13			03当代音乐研究
14			04音乐教育理论
15			05音乐表演艺术理论研究
16			06中国音乐史
17			07中国传统音乐
18			08民族音乐学/音乐人类学
19			09作曲
20			10和声
21			11复调
22			12配器
23			13计算机作曲技术
24			14声乐表演艺术
25			15民族管弦乐表演艺术
26			16西洋管弦乐表演艺术
27			17钢琴表演艺术
28	130201	音乐学	18流行音乐研究
29			19音乐传播
30			20乐器学研究
31			21乐器修造技法研究
32	130202	舞蹈学	22舞蹈编导
33			23舞蹈身体语言研究
34			24舞蹈创作理论
35	130302	电影学	01影视批评史
36			02电影类型史
37			03中国电影史
38			04影视表演艺术
39	130303	广播电视艺术学	05艺术与传播
40			06新媒体艺术理论
41			07数字媒体艺术
42			08动画艺术
43			09录音艺术
44			10数字音频应用 艺术
45			11摄影艺术
46	130401	美术学	01雕塑艺术
47			02油画艺术
48			03版画艺术
49			04壁画艺术
50			05中国画艺术(山水)
51			06中国画艺术(人物)
52			07中国画艺术(花鸟)
53			08漆画艺术
54			09插画艺术

序号	专业代码	专业名称	研究方向
55	130401	美术学	10书法(篆刻)艺术
56			11中国美术史
57			12外国美术史
58			13中国画论
59			14书画美学
60	130501	设计学	01设计艺术史研究
61			02设计艺术理论与批评研究
62			03设计艺术教育研究
63			04传统器具设计研究
64			05现代手工艺研究
65			06设计思维与创意研究
66			07设计管理与策划研究
67			08图案学与传统图形文化研究
68			09设计基础研究
69			10平面设计研究
70			11插图艺术研究
71			12景观设计研究
72			13公共艺术研究
73			14室内设计研究
74			15装饰艺术研究
75			16服装设计研究
76			17纤维艺术与纺织品设计研究
77			18陶瓷艺术研究
78			19首饰艺术研究
79			20漆艺术研究
80			21形式语言研究
81			22综合材料艺术研究
82			23当代艺术与概念设计研究
83			24工业设计研究
84			25展示设计研究
85			26产品信息设计研究

校园变迁

南艺人将渴望扩大空间的诉求付诸了行动，终于在2005年11月，校区红线向南扩张，南艺成功地将一墙之隔的南京工程学院老校区纳入了自己的版图。随之而来的兴奋点便是两个校区融合后如何制订校园规划。

把握机遇 拓展校区

冯健亲 *

2005年11月30日下午2点，小车载我驶入双门楼宾馆。车窗外，古典式小白楼映入我的眼帘，这是一幢民国时期的英国驻华领事楼。曾经无数次地经过小白楼，今天忽然觉得它有一种别样的风情，是历史的痕迹透出了它的沧桑，或是曾经入驻者的地位凸显了它的贵族气，还是它就应该是历史的见证？

梳掠着对小白楼的思绪，我走进了楼旁的钟山厅。今天的小白楼、钟山厅都将见证南艺发展进程中一个重要的历史节点。我作为南京艺术学院的法定代表人，受全体师生的重托，即将履行我任院长期内极具纪念意义的一次签字。

中共江苏省委副书记冯敏刚、省政府副省长王湛、副秘书长朱步楼以及省教育厅、财政厅、南京市人民政府的负责人，兄弟院校的代表纷纷聚集到钟山厅，一起见证省委党校、省级机关事务管理局、南京艺术学院共同与南京工程学院签订校区置换协议。"三校四方"的代表由谈判桌走向签字桌，实现了新时期下江苏高等教育资源的合理配置。由于得与失的关系，现场代表心情迥异，我以表面的淡定掩饰了胸中的波澜起伏，但握笔的手还是不由自主地将笔捏得很紧。当我郑重地在协议书上签下自己的名字，当我热情地与南京工程学院院长陈小虎同志握手互换协议文本时，我真真切切地意识到南京艺术学院的校园红线实实在在地向外延伸了一倍。此刻，我相信陈小虎院长与我一样，酸甜苦辣一起涌上心头……

在中国高校由精英教育向大众化教育实行跨越式发展的进程中，在宁高校纷纷向外扩张校园，到城郊圈地，一个个新校区相继拔地而起。南艺则蜷缩在城内不到200亩地的校区中无声无息，但外部世界的精彩还是在校园内引起了涟漪。校区狭小、拥挤、嘈杂，诱发了人们向外扩张的欲望，也逐渐形成了校区拓展的"三个

选向"：激情洋溢者竭力主张放弃城市，融入潮流，去郊外征地建新校区，从"零"开始构建新的工作、学习、生活秩序；性情中庸者既留恋城市的氛围，又厌恶拥挤的空间，主张在城乡结合部兼并一所学校作为分校，穿梭于城乡之间，两种感觉兼顾；稳健求变者则根据艺术教育的特点，认为城市的文化氛围是艺术专业学习不可或缺的环境要素，主张坚守阵地，就地拓展，不求大，但求精。这"三个选向"在学校领导班子中都有代表人物，意见纵横交错，各执一词且都振振有词。我作为院长有自己的思想和倾向，也有一定的坚持与担当；同时，作为省政协副主席，我有一定的人脉与运作空间。我希望经过努力争取做到校区就地拓展，以营造南艺事业发展的理想教学空间。

时任学校党委书记的文晓明同志，是一位谋略与胆略同时具备的领导者。他在认真听取各种意见后做出一个十分民主的决策，在中层干部层面上就校区拓展的"三个选向"进行"公决"。结果形成了一个排序：第一选向是坚守阵地，就地拓展；第二选向是兼并某学校，实行城乡结合；第三选向是放弃城市，重新圈地进入大学城。晓明同志的高明之处在于他没有放弃任何一种选择，而是按"民意"排序，在有效时间内按排序向前推进，即通过努力争取实施第一选向，如无法实现再按第二选向推进，第二选向有困难再按第三选向推进。总之，校区拓展势在必行，只是结果不同而已。一场各执一词的校区拓展争论终于达成了共识。学校党委在关键时刻、重大事件的把控上显示了坚强的领导能力，为学校的发展确定了方向。我作为民主党派人士，在共产党领导下担任一校之长，与晓明同志真正做到荣辱与共、肝胆相照。在校区就地拓展的认知上我与晓明同志完全一致，我们多次研究了校区就地拓展的工作思路，并借我在省政协兼职的有利条件，向省委、省政府的领

导进行游说，为就地拓展校区展开实质性的工作。

机会总是眷顾有备而来的弄潮人。

中国高等教育的"大众化"，是用很少投入办了很大教育的一场革命，但发展与需求、质量与数量的矛盾日趋突出。教育部决定自2003年起对全国高校本科教学工作水平进行全面评估。要求江苏第一批接受评估不得少于两所高校。可能是出于对评估结果的担忧，除南京师范大学外，没有其他高校愿意接受第一批评估，于是，教育厅选择了不常在视域之内的南艺。作为省内唯一的艺术院校，既没有可比性，评估结果也不会影响其他高校，这或许是厅领导选择南艺作为首批评估的战术考量。

时任教育厅厅长的王斌泰同志与分管副厅长丁晓昌同志于2002年秋天带领相关处室负责人来到南艺，试图说服南艺接受教育部的首批评估。王厅长知道南艺不会轻易接受此项任务，因为，第一批"吃螃蟹"的人是有风险的，但他更明白南艺想要什么。我也十分清楚，接受首批评估，是机遇与挑战并存的双刃剑，可能是机遇大于挑战。我和文晓明同志向王厅长诉说了南艺的困难，尤其是教学用地、教学用房严重不足的问题，怕评估过不了关，影响江苏的声誉。王厅长却充满信心，认为有一年时间的准备，南艺会通过教育部专家组评估的。为此，教育厅拨出了一笔可观的评估专项经费给南艺，用于改善教学设备、图书资料等基础设施。同时，王厅长又给了一个非常诱人的承诺，将一墙之隔的南京工程学院老校区有偿划拨给南艺，从根本上解决南艺办学空间严重不足的矛盾，为评估创造条件。晓明和我的第一反应都有点难以置信，我脱口而出："此话当真？"回答是"绝无戏言"。于是，我们当即接受任务并表态竭尽全力迎接评估。其实，王厅长的"承诺"并非心血来潮，而是省委、省政府、省教育厅对在宁高校

发展中资源合理配置的整体思路。这无疑是南艺梦寐以求的"承诺"，更是南艺人不懈的期待。

校区置换不会一蹴而就，需要做大量的工作。迎接本科教学工作水平评估为南艺提供了解决校区问题的契机，因为教学用地、教学用房都是评估的重要内容。评估的指导思想是"以评促改、以评促建"，完成校区拓展成了南艺"以评促建"的努力方向。南艺师生有强烈的荣誉感，关键时刻能拧成一股绳，为迎接评估群策群力。2003年12月，国家教育部专家组对南艺进行了全面评估。南艺秉承蔡元培先生"闳约深美"的办学理念，弘扬优秀文化传统，坚持开拓创新的精神，给评估组全体专家留下了深刻的印象，促使教育部给出南京艺术学院本科教学工作水平"优秀"的评估等级；同时，在评估报告中希望省委、省政府将南艺校区就地拓展、置换校区的工作落到实处，尽早解决校区空间严重不足的问题。出席评估结果通报会的副省长何权同志表态："省政府将努力做好南京艺术学院与南京工程学院的校区置换工作。"这是一个非常震撼人心的结果。王厅长的"承诺"因教育部的督促及何省长的表态已见成效。

然而，王斌泰厅长也为自己的"承诺"承担了巨大的压力。工程学院的老同志由于对老校区难以割舍的眷恋，对校区置换有难以解开的情结。王厅长妥善处理了校区置换中的种种矛盾，与两校的主要负责同志进行了有效的沟通，使两个学校坐到了谈判桌前。

谈判是需要技巧的。文晓明同志与我商量后决定派行政副院长崔雄同志作为谈判代表，并交代了谈判的底线。崔雄同志是一个头脑清楚、处事淡定、有一定分寸感的人。每次谈判情况汇报似乎在诉说故事一般扣人心弦。谈判随着情绪的趋稳、换位思考、先易后难、搁置争议到相互理解，逐步向着有望的方向推进。关键时刻，晓明同志表态："适当的妥协是谈判成功的前提"，给崔雄同志减轻了压力，双方通过谈判，加深了理解、增进了友谊，使校区置换中的细节逐步明朗。

事物的发展经常不以人的意志为转移，或水到渠成，或功亏一篑，或机缘巧合，或好事多磨，成败往往是一步之遥。在我们促成校区置换成为现实的过程中，就得到一个不知是喜还是忧的消息：省委党校也着手置换工程学院的另一校区，而且置换价位高于我们与工程学院的置换价，给原本我们有一线希望的校区置换增加了变数。突如其来的状况让我很纠结，我与晓明同志进行研判后，决心知难而进。我的人生经历使我坚信事在人为。在一次省政协会议上，我们见到了时任省长的梁保华同志，梁省长很重视高校校区置换工作，对南艺的发展也很关心。他听了我的汇报后表示，通过校区置换

解决校园扩展是应该提倡的方向，省政府已制定了相关政策，他指出："省委党校与南艺的两个校区置换应该同时解决。"梁省长的答复让我又看到了希望。

当时的省委党校校长是由省委副书记冯敏刚同志兼任，这非常有利于省委党校的校区置换工作。南艺借助省委党校一起完成校区置换，应该是多了一份保险。而工程学院在校区置换中有几个不得已：政府规定了购置新校区后不可同时存在三个校区，工程学院不得已必须置换一个老校区；而城中的两个老校区分别来自两所前身不同的学校，置换哪个校区都有"情结"问题，两个校区同时置换是平衡矛盾的不得已选向；购置、建设新校区需要大量的投资，沉重的债务是阻碍校区建设的瓶颈，资金需求也是不得已置换校区的因素等等。作为兄弟院校，我们非常理解对方的困难。在工程学院最艰难的时候，南艺斥资借款给工程学院度过难关。相互间的理解增进了相互间的信任，尽管南艺在校区置换中是需求方，但我们充分理解工程学院不得已而将校区置换的境遇。

作为一个高校的负责人，既要顾全大局，更要维护本单位的权益。校区置换中的得与失关系到教职工的切身利益，所以必须把握好每个节点，平衡各方面的心态，清醒地捕捉每个机会。这需要有耐心，甚至是韧劲。

功夫不负有心人，终于在2005年的某一天，省教育厅通知两校负责人开会，会上确定了两校校区置换的时间表，要求第二天双方派代表去现场划定校区置换红线。这一刻的到来让我的心情难以平静，我来到书记办公室，当我和晓明同志四目相视的瞬间，彼此都看到了"如释重负"的表情。

文晓明同志在崔雄同志的陪同下亲自去现场划定红线，这是具有历史意义的一次划线。在时任省教育厅发展规划处处长朱卫国同志主持下，他与工程学院的主要负责同志一起商定校区红线的分界点，其间，双方都在为各自学校多争取或多保留一点空间做最后的努力。朱卫国同志作了恰到好处的协调，红线得以划定并附上文字记载："（1）北端以（工程学院）印刷厂东墙外1.5米为界；（2）以印刷厂南角电线杆拐角，向西延伸至台阶拐角，顺挡土墙向前延伸；（3）以运动场南侧南北蒸汽管道东侧为界；（4）以污水井东侧为拐点；（5）以南北道路东侧路灯和排水道中间为界，直至草场门大街。"两校主要负责人签字画押，红线划分算是尘埃落定。

双方根据历次谈判达成的细节分头起草校区置换协议文本，报教育厅综合协调文本条款，几经反复，终成

共识。省委、省政府十分关注的在宁高校第一批校区置换工作终于得到落实。

于是，有了2005年11月30日的签字仪式。这是江苏高等教育发展史上史无前例的校区置换签字仪式，却显得有些压抑的庄重。因为，置换与被置换的心情是错位的，只有表面上的平静可以掩盖内心的喜悦或沮丧。所以，王湛副省长在讲话中强调："有新校区并准备老校区置换的高校一定要有紧迫感，要统一思想认识，转变观念，把老校区置换和新校区建设都应作为成绩同等看待，都是对学校发展的贡献。"省委副书记冯敏刚同志指出："这次校区置换体现了省委提出的'三创'精神，国有资产在流动中增加了使用价值，是对各方都有利的结果。各方要认真履行协议，权衡得失间的关系，处理好各自内部关切的问题，尤其是内部的思想认识统一问题，实现顺利交接。"

至此，南京艺术学院全体师生企盼校区拓展的夙愿终于成为现实。如果说要载入史册，南京艺术学院实现校区就地拓展是在宁高校中绝无仅有的案例。冯敏刚同志在签字仪式结束后与我调侃，说南艺是校区置换中最大的受益者。此话不假，但我更愿意用他的话佐证南艺在校区拓展上决策的正确性。

回眸百年，南艺从1912年在上海建校（上海美专）到1952年与苏州美专（1922年建校）、山东大学（1902年建校）艺术系美术、音乐两科并校（华东艺专）迁址无锡，再到1958年终止迁移西安，选择落户南京，几多风雨、几多变迁，才有了今天的辉煌。我于1957年考入南艺（华东艺专），1961年毕业留校任教至今50多年，见证了太多的事物，也见证了太多的感动，但最让我刻骨铭心的是我当了近20年的院长，在即将离任之际，完成了校区置换工作，太多的担当，太多的焦虑，太多的期待，终于修成了一个圆满的句号。

如果说人生是一场考试，那么，我可以问心无愧地说：冯健亲向母校、向历史交了一份合格而真实的答卷。

2012年10月8日

----

*作者为原江苏省政协副主席，原南京艺术学院院长

2005年的校园原貌。南京艺术学院不仅坐拥优美的自然风光，还拥有浓厚的人文气息与艺术氛围。

2005年的校园

原南京工程学院校门

原南京工程学院实验楼及附楼

原学生宿舍

图书馆旧楼

音乐厅

原南艺校园鸟瞰

南艺东校门

运动场旧貌

计算机教学现场

与大师有个约定

崔雄*

跨入21世纪，中国大学的办学规模迅速膨胀，坐落在秦淮河畔的南京艺术学院也不例外。走过了百年办学历程的南艺，曾经沿扬子江逆流而上，从上海、苏州到无锡再到南京，办学的脉络镌刻在了江南的土地上。但是，悠久的历史不能永远作为炫耀的资本，随着时代向前发展，历史会慢慢褪去色彩，现实应该更加绚烂，而绚烂是需要有足够的能量和绽放的空间。固守于城中一块小天地的南艺，校园就像上个世纪90年代之前的长江客轮，拥挤、嘈杂，甚至有点窒息。南艺人将渴望扩大空间的诉求付诸了行动，终于在2005年11月，校区红线向南扩张，南艺成功地将一墙之隔的南京工程学院老校区纳入了自己的版图，随之而来的兴奋点便是两个校区融合后如何制订校园规划。

一、众里寻他

我协助时任院长冯健亲亲带领了一群智囊先南下后北上，考察了近20所艺术类院校，了解了多家设计单位及国内外的设计师为相关高校设计并建成的校园，顺道参观了浙江大学、天津大学等"巨无霸"校园，感受到了大学之大。浙江大学的现代感极强，天津大学的历史感凸显，尤其是"北洋大学堂"的老校门给了天津大学无比的沧桑感。这些直观的印象结合南艺现状使考察人员得出的结论是南艺虽然由两个老校区合并，面积号称700多亩地，实际教学用地只有350亩，依然显得很小，而且，还不是一块"净土"——旧建筑覆盖了校园，对规划的限制性很大。新建的大学城是在一张白纸上画画，可随心所欲；老校区是螺蛳壳里做道场，见缝插针。所以，东南大学规划设计院的专家认为：南艺校园规划的定位应该是老校区改造，关键是协调新建建筑与老建筑的关系。建议请建筑设计院做规划更为合适，问题是小建筑设计院不一定能做好，大建筑设计院不一定愿意做。

如何选择设计院成了一个难题。通过招标确定，没有选择的余地；直接委托设计可能违反规范。在反复斟酌了各种可能性之后，冯健亲院长想起了广州美院副院长赵健曾向他推荐过中国建筑设计研究院副院长、总建筑师崔愷先生（国家级建筑大师、2011年当选为中国工程院院士）。学校决定派人北上找崔愷。

2006年1月17日，我和时任副院长刘伟冬一道飞往北京拜见崔愷大师。在车公庄大街19号中国建筑设计研究院大楼内，"崔愷工作室"的马海按程序和礼仪接待了我们。稍后，马海引我们到了楼下设计院的茶座，让我们等候崔愷大师。时值阴历年末，各项工作都在收官，我想大师一定太忙，让我们喝茶等候是对客人一种妥善的尊重，又显得休闲，可以放松心情，给接下来的谈话营造一个宽松的氛围。这是极具人性化的安排，或许也是一种用心的铺垫，让我们悟到要在有限的时间内谈完该谈的事。

当崔愷大师出现在我们眼前时，我心底还是有一丝敬畏，但他充满睿智的外表与爽快的个性，让我们意识到找他是正确的选择，有一点"众里寻他千百度"的触动，又有一点"千流归大海"的感觉。我与伟冬向崔愷大师作了自我介绍，双方不约而同地提及了广州美院副院长赵健，他是我们与崔愷大师之间联结的纽带。赵健曾向我们介绍了崔愷大师成功地为北京外国语大学设计了校区改造方案，并赢得了很高的声誉。话题由此切入迅速减少了陌生感。伟冬抓紧时间向崔愷大师简要报告了南艺的历史、现状；我为了节约时间，用了极快的语速谈了校区就地拓展后的校园规划构想等等，并特别表示希望崔愷大师亲自为南艺老校区改造、出新设计蓝图，期待着在南京再现北外的精彩。

从崔愷大师的表情可以看出他对南艺的项目感兴

趣。他为活跃气氛调侃一句："你语速很快，但表述得很清楚，我听明白了。"然后，他表示很愿意做一个将建筑与艺术融合在一起的尝试，南艺为他提供了机会。他希望让建筑家与艺术家进行一次对话，让建筑更具有艺术的特质。对于南艺的规划他表示需要到实地考察后才能形成一定的思路。于是，我们相约2006年春节后在南京相见。

会面约半个小时我们就与崔愷大师握手告别，这握手之间已经意味着双方合作的开始。北京之行的工作效率极高，当晚我与伟冬就乘飞机返回南京，半夜抵达禄口机场时正滂沱大雨，整个城市仿佛经受了一场洗礼，也为我们荡涤了未来之路。这是校区拓展之后一次历史性的北上，为高起点设计南艺的校园规划开启了一扇窗。

二、大师感言

2月16日晚上，崔愷大师按约来到了南京，赵健也从广州飞到南京。我陪二位在南京1912酒吧一条街找了个相对安静的角落喝茶、宵夜、聊天，直到深夜，气氛甚为融洽。次日，崔愷大师与赵健来到了南艺，冯健亲院长亲自陪同他们视察校园。时任党委书记文晓明希望崔愷大师在视察校园之后，谈谈他对校园规划的基本想法，有点"面试"的感觉。由于崔愷大师下午要赶回北京，所以利用中午休息的时间在学校现代教育技术中心会议室，听取了崔愷大师的发言。

面对学校领导班子全体成员，各部处、二级院负责人及专家教授，崔愷大师以他拿捏得极好的分寸讲述了对南艺校园的印象。他认为南北两个连接的校园，功能互补条件较好，校园空间高低错落很有特点，周边发展环境也不错。需要考虑的是校园空间可持续发展利用的问题。目前，建筑基本上将校园覆盖，除了个别建筑具有历史感外其他均缺乏特色；而且校园被建筑封闭后掩盖了艺术学院的品质。他的基本思路是：

1.要尊重校园的现状，尤其是原工程学院的建筑很有价值，有条件时应修旧如旧赋予其历史感。

2.要尊重校园现有的建筑资源，不轻易拆掉，要继续发挥作用。

3.要发掘校园的潜质，如高低起伏的地貌结构，已形成符号的山坡挡土墙等，使之成为校园的鲜明特色。

4.新建筑应立体地利用空间，底层可以架空，增加环境的通透感，以缓减校园的挤压感。老建筑的改造要重新调整空间，可以打通或连接。校园建筑的学科界限应该打通，除了满足功能的需求外，也应该满足生活的需要。

5.校园的改造每次都应该是"逗号"，而不是"句号"。设计也应该具有开放性，给将来有一个改变的可能。景观的后续设计可以由学校的艺术家来完成或者完善，分期实施，形成一个可生长的校园。

6.学校主入口应坐南，设立开放式校门，使建筑环境与艺术环境成为城市的空间……

崔愷大师用半天时间视察校园，用不到一个小时阐述了校园规划的思路，获得南艺领导及专家的赞赏。他第一次的南艺之行给大家留下了深刻的印象，所以，校园规划设计非崔愷莫属成了大家的共识。对于学校党政一把手而言，形成共识极其重要。这就是文晓明书记要让大家听

崔愷院士（左一）与崔雄院长（左二）共同参观校园

左起：张男、崔雄、崔愷、张雷在南艺校园

崔愷大师发言的良苦用心。因为，校园规划及建筑一旦成形，不能说是亘古不变，却也是岁月留痕，要经得起历史的检验。

三、委托设计

"建筑大师"是国家授予崔愷的称号，按相关法规大师者可以直接接受委托设计。因此，南艺寻求顶级建筑师进行规划建筑设计的愿望与崔愷大师尝试建筑与艺术融合的理念非常契合。双方以委托设计的方式确定了甲方乙方的关系，开始了长达7年的合作。

当崔愷工作室拿到《南京艺术学院校园改造规划设计任务书》时，发现精装本的任务书体现了南艺认真、严谨的态度。任务书概括为以下内容：

南艺校园改造规划本着"总体协调、存优出新、局部调整、做精做细"的原则。按照"国内一流、面向世界"的需求和"现代化、数字化、园林化、生态化、特色化"的理念进行规划和设计。

1.要做到"两个统筹考虑"，即将校园规划与学科规划、事业规划统筹考虑，与城市规划统筹考虑。

2.深刻理解办学宗旨及艺术院校的特点，强调办学宗旨与艺术特点在空间上的合理体现。

3.本次规划为老校区改造，要发掘构成校园空间的共同语言，包括校园空间格局的动静分割，开放空间形态的园林化与建筑的风格、色彩、质地特色化等。

4.土地利用要尊重地形地貌及生态环境。校区面积较小，因此在建筑形态上要注重开放空间的有机展开，实现开放空间在视觉上的网络化，东西轴线与南北轴线在不影响已有建筑的前提下合理设计。

5.保留三层（含三层）以上的建筑。

6.校园内部路网既要做到交通便捷畅通，又要尽可能有利人车分流，减少相互干扰。校内主干道路的布局应注意景观视觉效果。

7.应合理安置汽车及自行车停放，可以建统一的地下车库。

8.要充分考虑现代技术的应用，按照数字化、网络化校园的要求规划设计校园网络设施，做到全覆盖。

9.新建、扩建建筑……

任务书由文字、图片、相关附件构成，洋洋洒洒57页。其中表演类建筑的功能需求复杂，我和时任副院长邹建平花去了数个工作日才将方案拟定。这是南艺人经过反复调研、核对、征求意见后形成的规范性文本。

崔愷大师派他的助手张男带领设计团队来到南艺，根据任务书的要求进行实地考察调研，包括在学生中展开问卷调查，对每幢建筑结构认真勘查，记录地形地貌

2005年岁末，时任南京艺术学院院长冯健亲（前排左三）带队考察了上海、浙江、广东、湖北的艺术类院校。

的特征等，为方案设计做前期准备，情况掌握得比南艺人还要清楚。我感觉到这是一个十分年轻、十分优秀的团队，从他们身上可以看到崔愷大师的工作状态。而我内心更期盼着早日看到设计方案。

四、变与不变

崔愷大师是在中国本土崛起的建筑家，作为建筑领域的顶级高手，对环境的复杂性和存在的问题有着深刻的认识，肩负着塑造工作、生活、学习环境的使命。他更是将业主的理想与诉求作为设计的一个基本要素，融合历史文化、生物及空间元素，重新整合和塑造土地与建筑的关系。

本着建筑与艺术融合的理念，崔愷大师把南艺的项目当成作品精心构思。尽管北京与南京相距较远，彼此仍不停地往返两地沟通方案。在规划方案基本形成后，崔愷大师亲自来到南艺向专家教授阐述方案，从设计元素的构成、功能区域界面划分的依据、人与环境、人与学科之间交融的理念等等，全面地解释了规划内容、形式及品质特征。随着精美的画面逐渐展开，聆听者都兴奋了。搞艺术的人形象思维见长，有读懂图纸的能力，这使讨论规划方案显得轻松了许多。经过几度修改后，校园规划方案终于定稿，并正式报江苏省教育厅及南京市规划局。当时分管南艺地块的市规划局二处处长俞安娜见到南艺规划方案后十分惊诧，赞不绝口，认为这是迄今为止她见到最好的校园规划，可以预见将来南京最美的校园就是南京艺术学院。

经过专家论证后，南艺的校园改造规划方案得以通过。出于对崔愷大师的高度信任，南艺将新建的四幢学生公寓楼、演艺教学大楼、美术馆、设计车间、南大门等约12万平方米建筑，以及图书馆、设计学院改扩建面积约1.6万平方米的单体设计任务全部委托其团队完成，使双方的合作进入黄金时段。

单体建筑设计受地方规范、周边公共设施的制约太多，设计的复杂性使得崔愷工作室不得不反复调整方案。学生公寓楼因为阳光照率的原因、美术馆因为与音乐厅及周边关系的原因、演艺教学大楼因为满足功能需求的原因、图书馆因为扩建与老馆衔接统一的原因等等，所有方案都几易其稿。崔愷大师以他现代的设计精神、深厚的设计功力以及对文化的敏感度，展现了其深刻的内涵及定力。无数次的专家论证会、城建部门咨询会，只要他有空一定前来参加并都认真听取方方面面的意见、建议。令我惊讶的是每次方案的调整犹如百变的魔术，都是颠覆性的变化，令人目不暇接；每个方案都不忍放弃，所有的变化都特具亮点，不变的是永远的精彩。所以，南京高校中建筑专业的师生纷纷通过各种渠道获取南艺建筑设计方案的拷贝，因此，南艺发展了一大批崔愷的粉丝。

五、大师有约

2007年，南艺校园的大规模基本建设以设计学院改扩建及重建南大门项目拉开帷幕。同时，南艺领导层的人事发生重大变动，文晓明书记因工作需要调离南艺，米如群书记进入南艺履职。2008年，中共南艺第八次党代会召开，南艺领导班子整体换届，冯健亲院长退居二

米书记（左三）、黄书记（左一）、崔院长（左二）视察设计车间

米书记（左二）、邹院长（左三）视察演艺教学大楼工地

线，邹建平出任新一届院长。新一届党委确立了新的目标任务，实施了"质量立校、人才强校、学科引领、基建优先"的发展战略，将基建工作作为学校发展过程中阶段性工作重点，甚至是重中之重。这为南艺与崔愷工作室的合作增添了新的动力，提供了最有力的保障。

米书记在前两所高校任职期间经历了大规模的校园建设高潮期，对基建工作有丰富的经验。他要求所有基建工程必须在2012年12月8日前完工，以一个崭新的校容校貌庆祝南艺建校100周年。为此，成立了校园基本建设领导小组并亲自任组长，他强调了"基建优先、一着不让"的原则，定期召开校园建设联席会议，及时解决困难，确保按期推进工程建设。我不是建筑专业出身，但作为分管基建工作的副院长必须在实践中学习。面对种种艰难困苦和各种预想不到技术难题，必须和我的团队一道去研究、去解决这些问题，现实没有给我退路。追求完美是我的个性，工作力求做到最好，所以基建工作耗去了我全部的精力。我也和米如群书记一样希望在非常扰民的施工建设过后还南艺一个美丽的校园。而在我心底还有一个期盼，那是我和冯健亲院长曾经与崔愷大师有个约定，待校园建设全部完成后，双方联合出一本南艺校园环境、建筑、景观的图册，记录校园建设的全过程，作为见证历史留给后人。

2012年12月8日，南艺隆重庆祝建校100周年，各级领导、各界朋友、各地校友云集南艺，共同见证南艺的百年辉煌。庆典大会主席台上有250个座位，崔愷大师作为院士在第一排就坐，当米书记介绍他是南艺校园建设的总设计师时，全场掌声雷动。这掌声包含了全体师生对他本人的敬意、对他工作的肯定、对美丽校园的赞美。我因为忙于校庆大会的现场工作，没有时间与崔愷大师见面。大会结束时我在出入口恭候他，久别重逢，握手是有力的。他说："校园还有待修正与细化的地方，但接下来重要的任务是履行我们的约定，编好那本书。"其实这个约定一直在我心中，从未改变。

六、闳约深美

2013年6月4日，米如群书记隆重邀请崔愷大师率他的团队重返南艺，再续友谊。

由米书记与崔愷大师共同主持了"校园建设丛书策划座谈会"。崔愷工作室的张男、时红、傅晓铭、赵晓刚，建筑文化传播中心的冯夏荫、谭雅宁，《城市环境设计》杂志社的付蓉、南雪倩、高文仲，配合崔愷工作室做施工方案的深圳华森建筑与工程设计顾问有限公司南京分公司刘新、买友群，南京大学建筑学院丁沃沃、

张雷以及南京艺术学院冯健亲、邹建平、刘伟冬、邬烈炎、李立新、李亦文、詹和平、王东舰、顾新跃、丁怡等专家就南艺校园建设的成功与得失提出了各自的见解，充分肯定了南艺校园改造方案及建设成果。探讨了校园建设丛书的结构、内容、版面设计等方案，为该书的编辑奠定了基础。

校园建设丛书是中国建筑设计研究院与南京艺术学院长达7年合作的总结，更是友谊的延续。双方依然往返两地讨论书稿，循序渐进，使内容充实丰满。最后纠结的是书名怎么确定，无数个肯定与否定之后，还是采纳了刘伟冬院长（2014年5月履职）的意见，本着继承传统、弘扬特色、崇尚经典的精神用"闳约深美"为宜。伟冬就此专门诠释了"闳约深美"与校园规划建设的内在关系："闳约深美"是蔡元培先生于1918年为南京艺术学院前身上海美专题写的学训，也是南京艺术学院长期以来秉承的办学理念，在学校校园的规划和改造建设中依然充分地体现了对这一理念的追求和弘扬。在这里，所谓"闳"主要是指建筑的气势和结构，恢弘而不失于庞大；"约"则指建筑的一种原则或态度，精致而不失于繁缛；南艺校园迂回曲折，错落有致，柳暗花明，有变化，有起伏，有幽深，是谓"深"；而山林、草地、花丛、道路、建筑、水体和各种艺术品有机结合，自然混成，相映成趣，形成了特有的审美情趣和艺术氛围，是谓"美"。所以，"闳约深美"在南艺的校园规划和改造建设中既有精神层面上的彰显，又有物质层面上的塑造。

至此，我们实现了与大师的约定，并将体现着南艺人百年追求的"闳约深美"四个字定格在了本书的封面上。

2014年5月

＊作者为南京艺术学院副院长

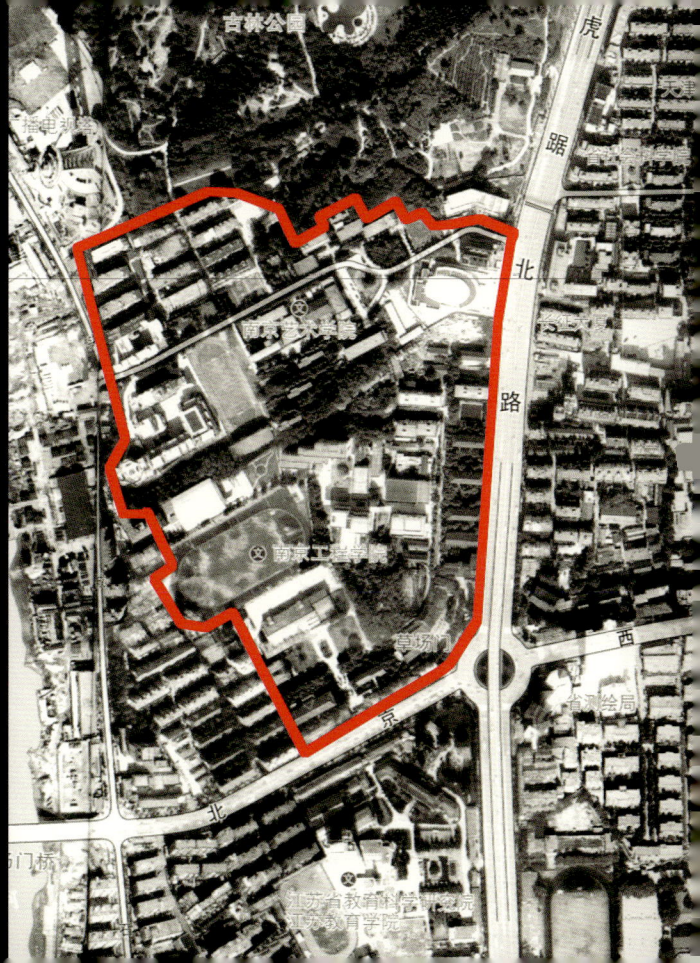

南艺的"难""易"

崔 恺*

每个在大学校园度过几年寒窗的人，都会对自己的大学怀有深深的眷恋和难忘的记忆，这种伴随着青春年华的校园记忆如此美丽而深厚，不仅会有那火热的学习生活，也会寄情于那些熟悉的甚至破旧的校园建筑，还有青青的草坪和幽幽的林荫路。仔细想来，人们对个人校园生活的时光追忆是通过对校园环境中留下的时光痕迹的辨识而得以加深，也许这就是所谓校园文化的基因所在吧。

自本世纪初掀起的新校区建设浪潮已经过了十几年，一大批经过精心设计的校园经过三年五载从无到有早已矗立起来。宽敞的园区、靓丽的景观、气派的建筑、几乎成为全国新校区的共同特征，但置身其中却多少有一种浮夸和无根的感觉，想想这也就是因为缺少时间的沉淀吧。当然作为设计者对此也束手无策，因为时间是没法设计出来的，只能等新校区渐渐变老，让如今在这里学习的年轻人几十年后，在变老的校园中找到自己青春的回忆。换句话说，一个新校园要沉淀出文化，没有时间是不行的，而要想使学校的文化传承下去，不因建新拆旧校而中断，在老校园的基础上更新、扩展应是最合理的方式。七年前南京艺术学院就迎来了这样一个机会。

2006年南艺校区南面的南京工程学院整体迁至城外的新校区，时任校长冯健亲及时抓住机遇补位，把工程学院老校区并入南艺，这便使南艺有了在原址改扩建校区的绝好机会，既可以成倍地扩大校园空间，又可以保持南艺老校园留下的那些珍贵的历史痕迹，那一分埋在许多校友心底里的"乡愁"。

而更感到幸运的是，我们这些一直对国内新校区建设充满疑虑的建筑师们，终于有了一次在老校园基础上重新规划、重新改造、重新发展的难得的机会，更别说这是个艺术院校，更别说碰到了这些好领导、好甲方了！所以当我们接受了邀请第一次踏入南艺的大门，历时近七年的艰难而愉快的合作就开始了，回想起来，大约也可借"南艺"之音，用"难"和"易"两字来概括吧。

南艺之"难"

南艺老校园之小实在不像个大学，校园内一条东西向的道路串接起两个校门，教学设施分置两侧，宿舍区在北、附中在西、音乐厅在东，一个小操场只有中学的水平。也许对以前的精英式教育还勉强可以，但随着这些年学校爆发式扩招，校园之挤、设施之缺便显得十分突出。实际上即便兼并了工程学院，用地加起来也不过327亩，所以校园空间局促应为一难。

南艺将工程学院并入，虽然空间扩展了，但旧校舍比较简易破旧，也不符合艺术教学的要求，所以接收过来要进行鉴别，区别对待，有的要保、有的要改、有的要拆、有的要建，加之房前、路边、坡上、坎下还有许多大树应该保留，现场情况比较复杂，调研工作量大，设计限制条件多，可谓二难。

南艺、南工两校虽然毗邻多年，但似乎"老死不相往来"。各自道路自成系统，相互不通；一座郁郁葱葱的小山岗横在两校之间，不是共享，而是隔离；建筑的功能布局更是各自完善，不可能相互照应。因此让两个这样的"貌合神离"的校园充分融合到一起，便是三难。

老校园更新自然不能关了校门大拆大干，课还要教，艺还要练，生活还要有保障。所以不仅要见缝插针，还要学会打时间差，巧妙安排设计和施工时序。急用先做，完一处，用一处，再动下一处，这需要精心筹划，紧密衔接，可谓是四难。

2006.4.7

2009.1.12

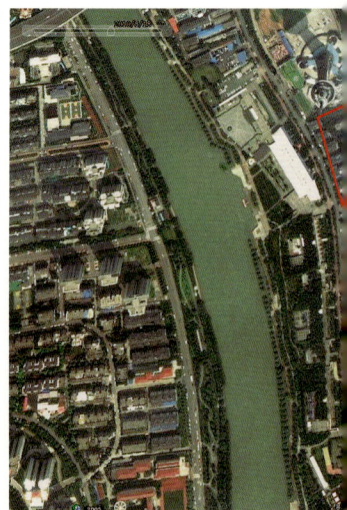

作为北京的建筑师，较少在南京古都动土，对当地规划及各级主管部门的要求也不太熟悉。另外为艺术院校做设计，从校长到各学院部门的领导多是艺术家，对于建筑这种大众艺术，艺术家们一定有自己的看法和喜好，而且会更感性，与我这种一贯从功能和环境出发做设计的比较理性的建筑师来对话，不知是否能找到共同的语言，更不知是否容易达成共识了。因此实话说开始时心里的确有不小的压力，可算是五难。

南艺之"易"

南艺校园中最重要的景观就是那道横卧在校园中间的小山岗了，它实际上是沿着外秦淮河的一条蜿蜒起伏的丘陵地的一部分，明代的古城墙的遗址还嵌在校园西墙的一段陡坎上，虽然数十年来的建设让这道浅丘被切割、覆盖，若隐若现，但在校园改建中这无疑是最主要的一条"龙脉"，有了它，规划设计就有了依托，有了底蕴了。此可谓一"易"。

南艺和南工校园的分置格局虽然造成整合的难度，但以新的观点来看也带来些好处，比如教学区和宿舍区相互穿插，食堂和图书馆为邻，操场与学院相靠，不仅大大缩短了学生步行的距离，也让校园空间复合利用，校园生活无缝衔接，利于校园活动空间的营造。此可谓二"易"。

南艺校园空间小、建筑多、树木多，难以做大文章，但也因为如此使得限制条件清楚，解决策略明确，更容易找到方向，达成共识，不乱琢磨，不瞎折腾，从小处着手，向深度挖潜。此可谓三"易"。

南艺几任领导或是艺术家，或是学者，他们给予我本人和团队的充分尊重和信任是设计工作得以顺利而愉快进行的根本原因。在讨论方案和系列的设计决策中，他们很善于理性思维，以务实的态度探讨问题，使得我们相互之间的沟通一直比较容"易"。

回想这几年的校园改造历程，不能不说崔雄副校长所主持的基建班子是十分认真负责的，有很强的协调和推动能力，没有他们几年来不停顿的努力工作，要想赶在百年校庆之前完工几乎是不可能的。所以有他们在，各方面复杂的事情才会及时得到解决。此当为五"易"。

还应该欣慰的是我们设计团队中来自总院各单位和华森南京公司的诸位同仁，面对这么长时间的边调研、边规划、边设计、边配合施工的多头并进式的工作状态，大家都能始终保持那种热情和职业精神，不知加了多少班，不知跑了多少趟现场，有了这支队伍，再难的事儿也终会变得容"易"。

南艺的"难"和"易"是个长长的故事，前后经历了近七年时光，绝不是几千字、一本书能说得完、记得清的。但我相信它们终会也融入到校园的空间里，沉淀在这片艺术的沃土中。我们很高兴很荣幸在南艺百年老校的历史中有我们留下的一些痕迹，它的价值也会伴随着南艺的发展不断提升。

＊作者为中国建筑设计研究院总建筑师，中国工程院院士

校园建设图（图片来源：Google earth）

2010.8.18

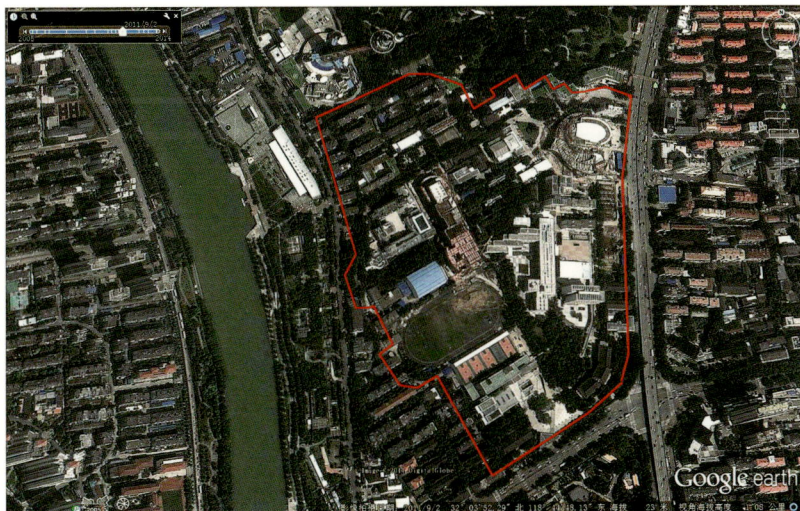

2011.9.2

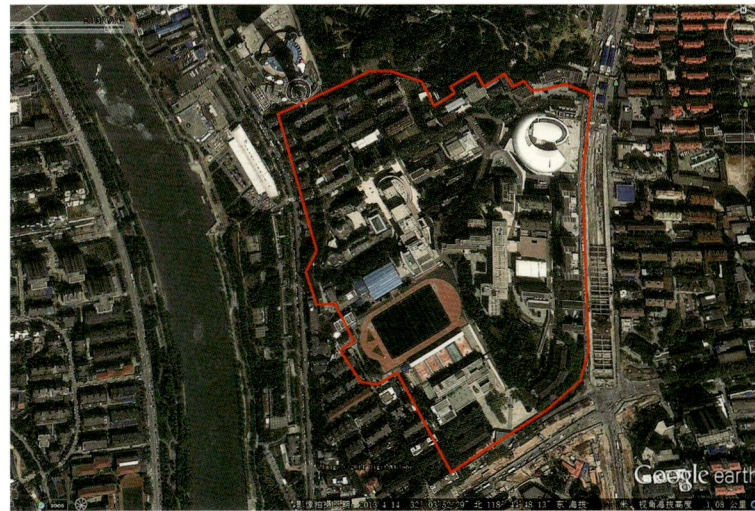

2013.4.14

校园规划

规划的理念：有机更新、理性建设、调整置换、完善功能。

南艺校园规划不是一张白纸上的畅想型的规划，倒像是在两张原本色彩淡雅但略带磨损的旧画上的合成、粘贴、修补和改善。由于南京艺术学院寸土寸金的地理位置和独特的校园现状，"螺蛳壳里做道场"的理念自然而然地在规划设计过程中贯彻始终。南艺悠久的历史让我们感到责任，校园浓厚的艺术氛围给了我们灵感，俄勒冈实验给了我们启发。

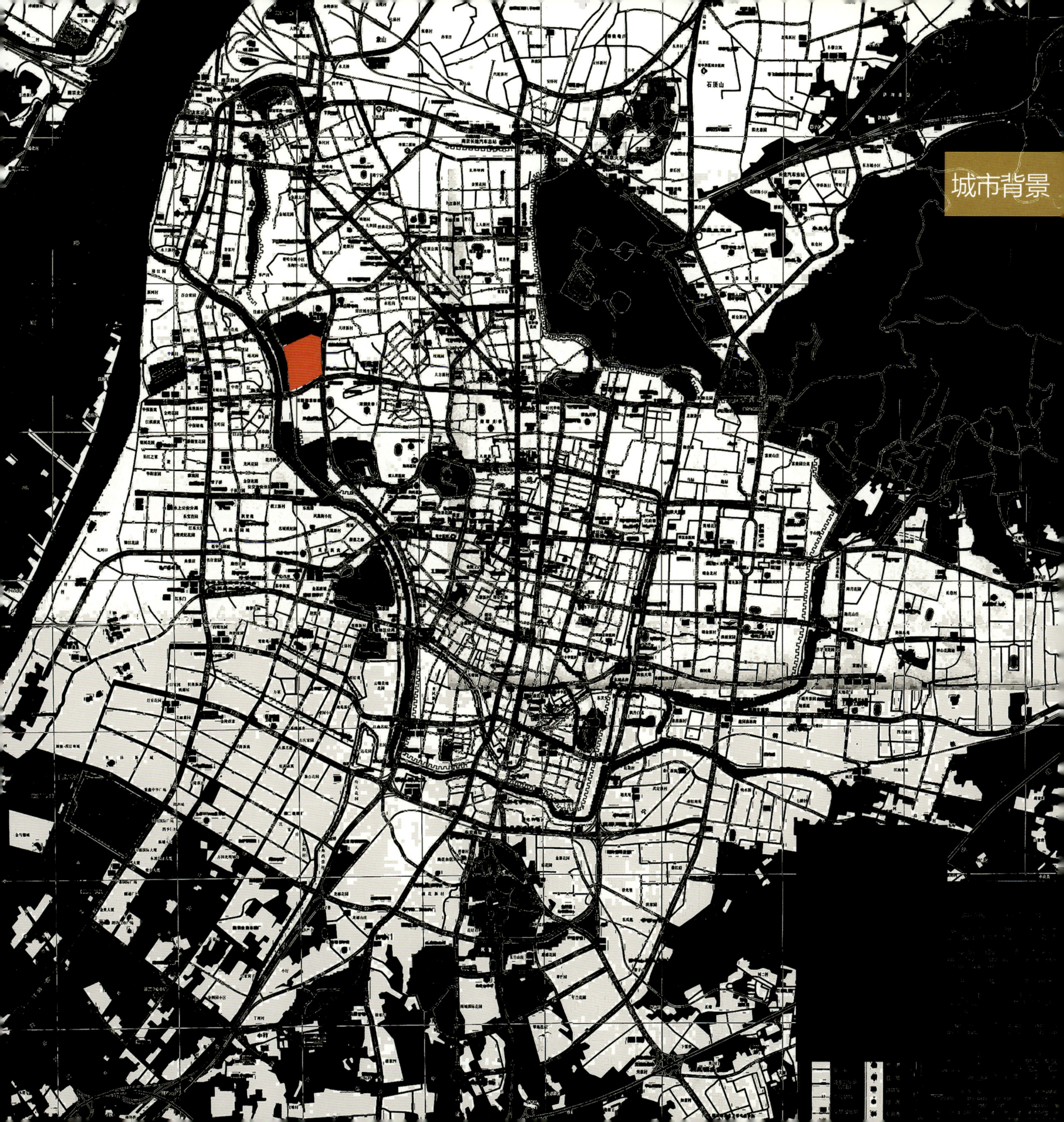

城市背景

南京高校分布图　　　　明城墙遗址分布图

周边环境

山环水抱的南京城，前朝帝都的气脉至今犹存。南艺未出城而能够把用地扩大一倍，在城内的高校中也算是有点"霸气"。校区背山傍河，校园地势起伏，"小气候"地理条件得天独厚。虽然由于屡次迁址，目前校区没有超过60年的房子，但上世纪50年代的大屋顶房子和几十年精心维护的校区植被，还是可以让我们多少感觉到百年艺术名校的沧桑岁月。这些人文、地理的绵长脉络，让我们认识到，规划设计的着眼点应当是：梳理先于重组，改造与新建并重。

南艺校区在两校用地合并之后面临的状况是：校园用地扩大但总规模仍然较小（不含古林公园约为326.67亩，同时保留大多数现有建筑）；两个校区间地势高差较大，也缺乏南北联通道路及串接三个校门的主流道路；两个校区原有建筑群排列朝向呈明显的角度，相互衔接有一定困难；面对城市的界面长度增加了一倍，等等。

这与当下国内高校比较普遍的建设模式——在城郊区购置大片土地，从零做起完全新建所面临的情况迥然不同。南艺是要在原有14.5万平方米老建筑和约9万平方米新建建筑中（最后完成约12万平方米）解决8个二级学院和20多个科研、演出单位的使用功能。如何通过处理既存现状来解决紧迫的功能要求，成为面对校园规划与建筑设计的新课题。这对设计者来说，既是挑战，更是机会。

现代建筑类型示意图

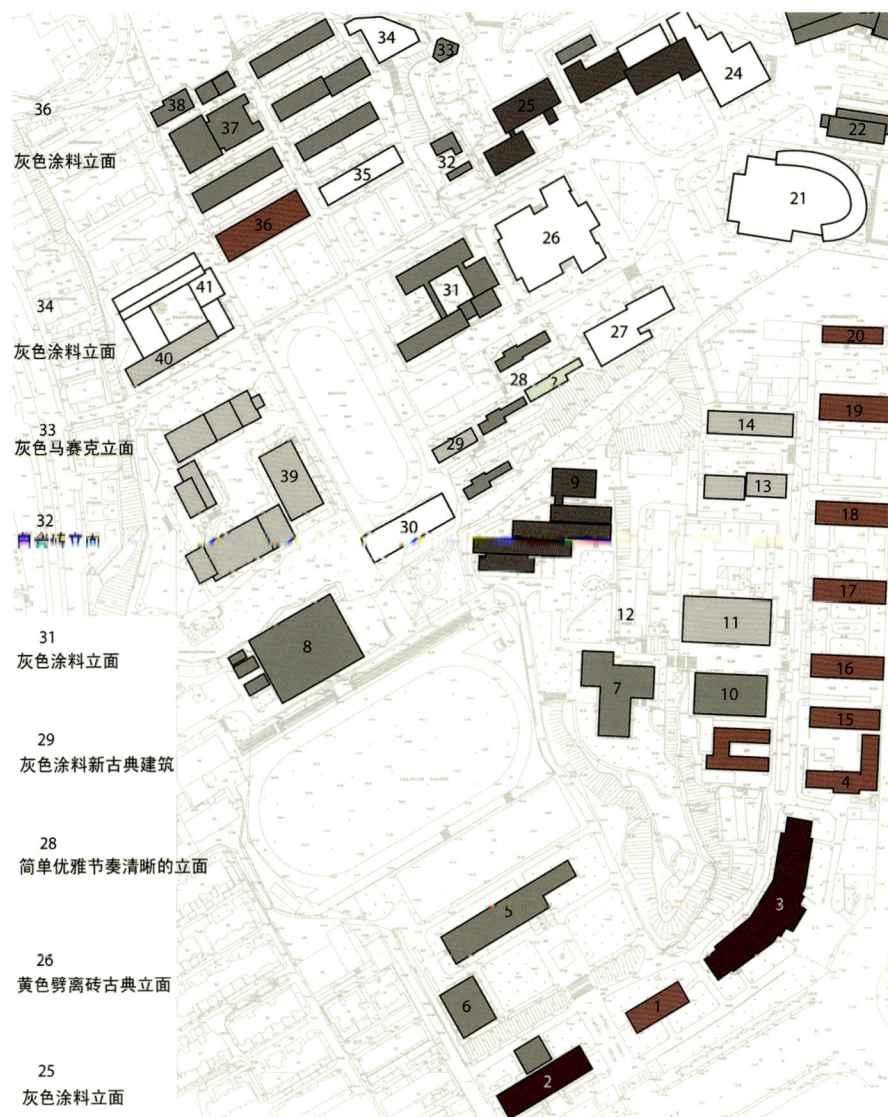

36
灰色涂料立面

34
灰色涂料立面

33
灰色马赛克立面

32
黄色砖立面

31
灰色涂料立面

29
灰色涂料新古典建筑

28
简单优雅节奏清晰的立面

26
黄色劈离砖古典立面

25
灰色涂料立面

现代建筑建造年代示意图

解决问题首先要发现问题，而发现问题，则需要建立在对状况充分了解的基础上。这两张分析图分别就所有现状建筑的使用功能进行了分类。

左图按照教学、办公、宿舍、生活服务设施、运动场馆和社会开放性设施六大类将校园所有现存建筑分别用不同颜色标示出来，教学类用暖色，生活类用冷色。通过对色块组群的辨识，可以迅速形成对校区建筑功能的直观印象。从中可见，原有的两座校园呈现两条体系

并置的局面，造成了一定的资源浪费。

在右图中，我们为校园中每一个建筑单体的外貌给予了相应的简单描述，并且根据其外观的保留价值将其分为高中低三类。高、中两类用深度不同的棕色表示，深棕色代表保留价值较高的建筑物。在外观价值相对较低的一类中，我们根据建筑物的建造年代进行了细分：以10年为一个时间段，以不同深度的灰色代表不同的建造时期。深灰色代表保留建于上世纪60年代的建筑

物；白色代表建于20世纪的建筑物。

在分类中，建于50年代的砖结构坡屋顶建筑被标识出来，应尽可能保留；而建于上世纪八九十年代国际式的混凝土框架结构建筑，其简单的结构形式则为进一步的改造提供了较大的余地。

设计前期调研

问卷调研

设计团队派出了调研小组于2006年6月赴南艺实地调研，并设计了配有地图的"南艺校园规划问卷"调查表，在校方帮助下发放并收回近700份。经过细致的归纳分析，初步形成了对南艺师生的学习、生活和课余活动状况的印象，并在一定程度上了解到他们对学校建设的建议和希望（详见问卷统计图示）。除了在南艺的实地考察，设计组也到中央音乐学院、中央美术学院、北京舞蹈学院和北京电影学院等艺术院校进行调查，大量收集艺术类院校教学使用需求的第一手资料。

这些工作为我们的"研究型"设计提供了很有针对性的数据与信息，使规划设计工作能够脚踏实地、因地制宜地展开。

校园建设的建议的统计结果

建议主要分为学生生活设施、教学设施、校园景观、娱乐活动场所和公共服务设施五个方面。其中对学生宿舍条件的改善的意见比较集中，其他的建议有提供通宵的自习地点、增加草坪、扩大食堂、设置24小时便利店等。

问卷样例

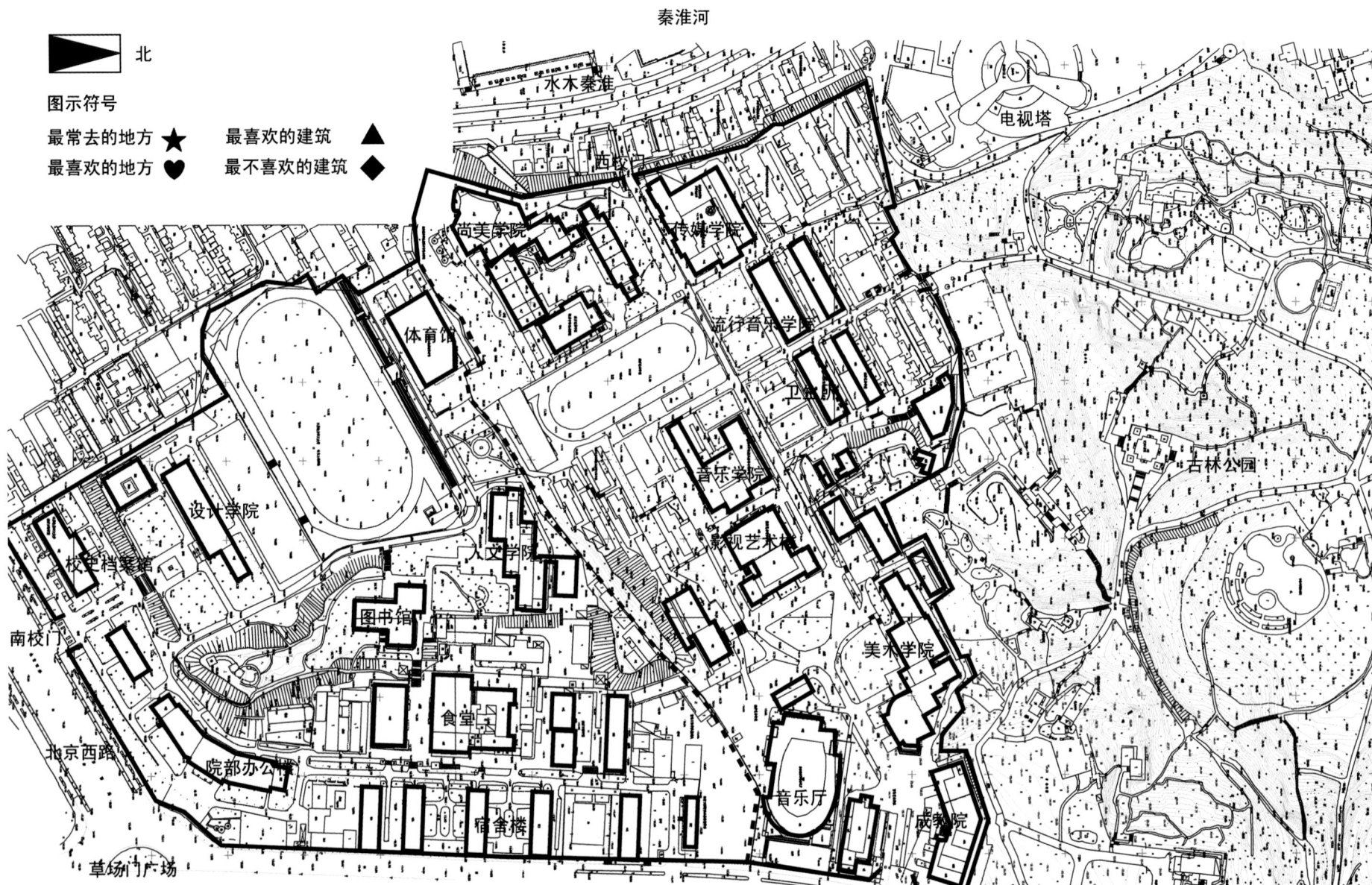

图示符号

最常去的地方 ★　　最喜欢的建筑 ▲
最喜欢的地方 ♥　　最不喜欢的建筑 ◆

问卷的统计结果

16个问题的内容分为生活习惯、课时规律、课余活动和校园面貌等几个方面，通过统计我们得到了以下信息：宿舍与教室应该有最直接方便的联系、同学们对非本专业的课程和活动也很有兴趣参加、校内还缺少昼夜超市和书店以及可以读书聊天的绿地草坪等等。

设计团队调研工作

问卷统计图示
（其他）

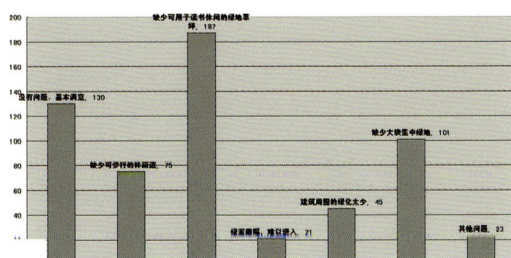

13. 您对校园的绿化植被是否满意？
如果认为有问题，问题是什么？

对绿化基本满意，但缺少可用于读书休闲的草坪绿地

14. 您是否愿意参与或尝试其他专业的活动，或学习其他专业的课程？

总体上愿意参与或尝试其他专业的活动

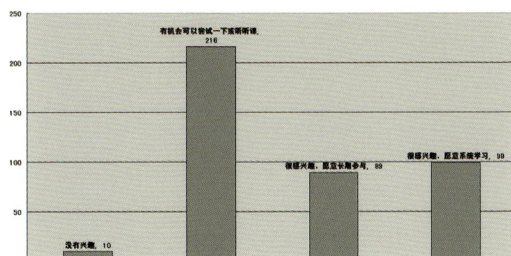

15. 您喜欢校园中什么类型的建筑？

最喜欢的是现代风格的音乐厅，其次是欧式新古典的（影视艺术楼）

16. 您认为校园里（包括生活区）还缺少什么？

校园内最缺少的是24小时超市，其次是书店和学生酒吧

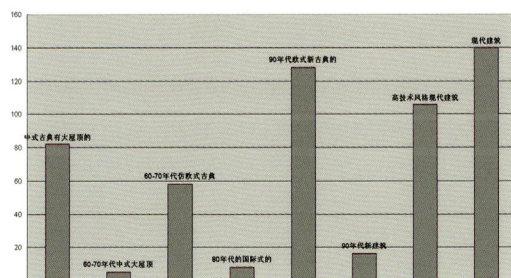

地图调查统计结果
（共统计500问卷）

最喜欢的地方：古林公园

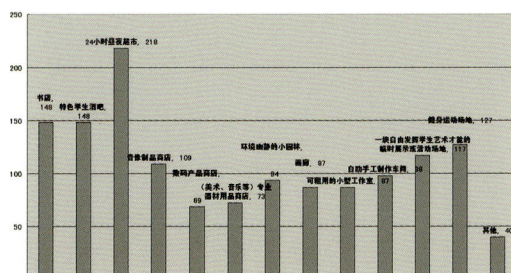
最喜欢的建筑：影视艺术楼

最常去的建筑：影视艺术楼

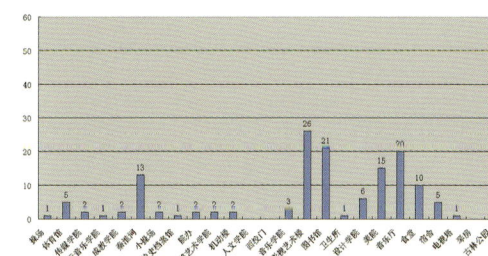
最不喜欢的建筑：宿舍

35

"南京艺术学院校园改造规划"调查问卷

(问卷设计：中国建筑设计研究院"南京艺术学院校园改造规划"项目组 2006.04.21)

尊敬的受访者，您好！

作为南艺的一员，您心目中理想的南艺校园是什么样？说出您的梦想，校园的明天就会多一分希望。

为了得到真实的信息，问卷完全匿名填写，您不必有任何顾虑，只须在相应空格内打勾即可，可以复选。

对您的支持和参与我们在此衷心感谢！

一、受访者基本情况

· 您的身份：□教职工 □本科学生 □研究生 □留学生 □其他

· 您的性别：□男 □女

· 您的专业（学院/系）：

· 您的年级：□一年级 □二年级 □三年级 □四年级 □研究生

二、调查问卷

1、您习惯于一日三餐在学校食堂用餐，还是在校外用餐？

□学校食堂 □校外餐馆 □街边排档 □宿舍/家

2、您每天的用餐习惯（可复选）？

□吃早餐 □吃午餐 □吃晚餐 □夜间加餐

3、您每天健身锻炼的时间？

□早餐前 □晚餐前 □晚餐后 □每周锻炼不超过一次

□几乎不锻炼

4、您健身锻炼的地点？

□学校操场 □校园空地 □校园道路 □校外体育场馆

□古林公园 □秦淮河边

5、您每星期的上课时间？

□少于15节课 □15~25节课 □25节课以上

6、您对教室、自修室学习空间的印象如何？

□教室（座位）很充足，永远有空座位

□教室（座位）数量还可以，一般可以找到空座位

□教室（座位）数量不够，需要提前抢占

□教室数量很少，根本占不到座位，只能在宿舍看书

7、您认为宿舍、食堂、教室、图书馆等最常用的建筑之间，联系最密切的应该是？

□宿舍—食堂 □宿舍—教室 □宿舍—图书馆 □教室—图书馆

□教室—食堂 □图书馆—食堂

8、您晚间是否会进行课程以外的专业训练，大致的时段？

□基本不训练 □周一到周五 □周末

□晚上8点~10点 □晚上10点~12点

9、如果您没有课，想看书学习经常会去的地方是

□教室或自修室 □图书馆阅览室 □大学生活动室 □一个安静不受干扰的室内读书空间

□校园里环境幽静的一角 □宿舍 □没地方去

10、您的住宿情况？

学生：□学生集体宿舍 □研究生宿舍 □校外租房

教职工：□教工单身公寓 □校内教工单元住宅 □校外住宅 □校外租房

11、您平常喜欢什么消遣娱乐活动？

□看书或专业研究 □校内班级活动（如舞会）□校内学生活动（如听音乐会）

□到校外娱乐场所 □与要好同学聚会 □与男（女）朋友约会

□秦淮河边散步 □古林公园中散步 □运动健身 □其他

12、平时上课或在校园里往来，您是习惯于哪一种方式？

□步行 □自行车 □汽车 □轮滑 □其他

13、您对校园的绿化植被是否满意？如果您认为有问题，问题是？

□没有问题，基本满意 □缺少可步行的林荫道

□缺少可用于读书休闲的绿地草坪 □绿篱阻隔，难以进入

□建筑周围的绿化太少 □缺少大块集中绿地 □其他问题

14、您是否愿意参与或尝试其他专业的活动，或学习其他专业的课程？

□没有兴趣 □有机会可以尝试一下或听听课

□很感兴趣，愿意长期参与 □很感兴趣，愿意系统学习

15、您喜欢校园中什么类型的建筑？

□中式古典有大屋顶的（院部办公楼） □60~70年代中式大屋顶（研究生宿舍）

□60~70年代仿欧式古典的（音乐学院）

□80年代的国际式的（青年教工公寓、附中教学楼、人文学院共同课教学楼）

□90年代欧式新古典的（影视艺术楼、流行音乐琴房）

□90年代新建筑（成教院、传媒学院辅楼）□高技术风格现代建筑（传媒学院主楼）

□现代建筑（音乐厅）

16、您认为校园里（包括生活区）还缺少什么？

□书店 □特色学生酒吧 □24小时昼夜超市 □音像制品商店 □数码产品商店

□（美术、音乐等）专业器材用品商店 □环境幽静的小园林 □画廊

□可租用的小型工作室 □自助手工制作车间

□一块自由发挥学生艺术才能的临时展示或活动场地 □健身运动场地 □其他

17、a.校园里您最经常去的地方，请用星形符号 ★ 在问卷背面的校区地图上标出来。

b.如果上面提到的您最经常去的地方不是您最喜欢去的地方，请用心形符号在问卷背面的校区地图上标出您最喜欢去的地方。

c.您最喜欢校园的那一个建筑或者服务设施？请用三角形符号 ▲ 在问卷背面的校区地图上标出来。

d.您最不喜欢校园的哪一个建筑或者服务设施？请用菱形符号 ◆ 在问卷背面的校区地图上标出来。

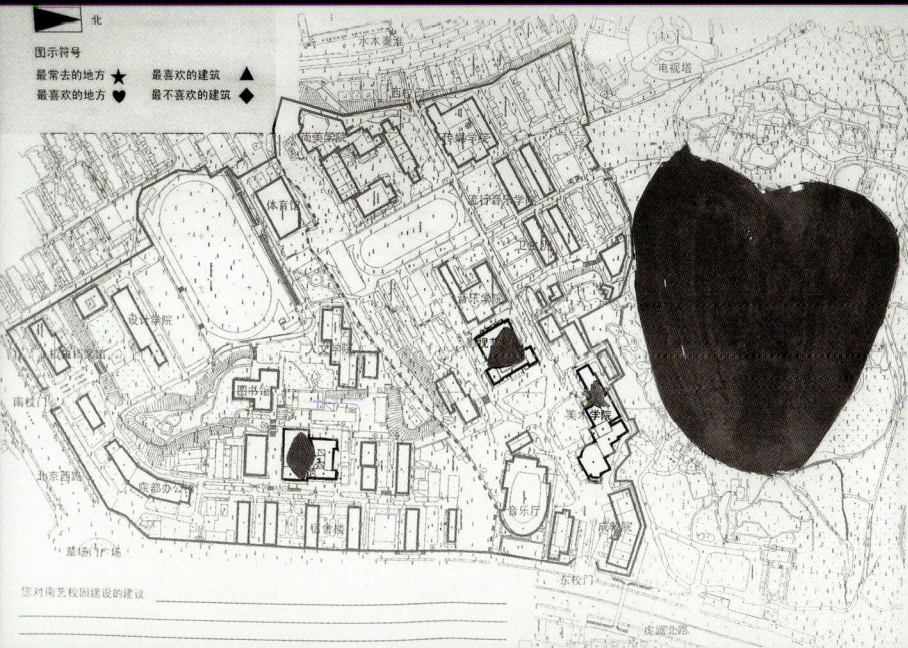
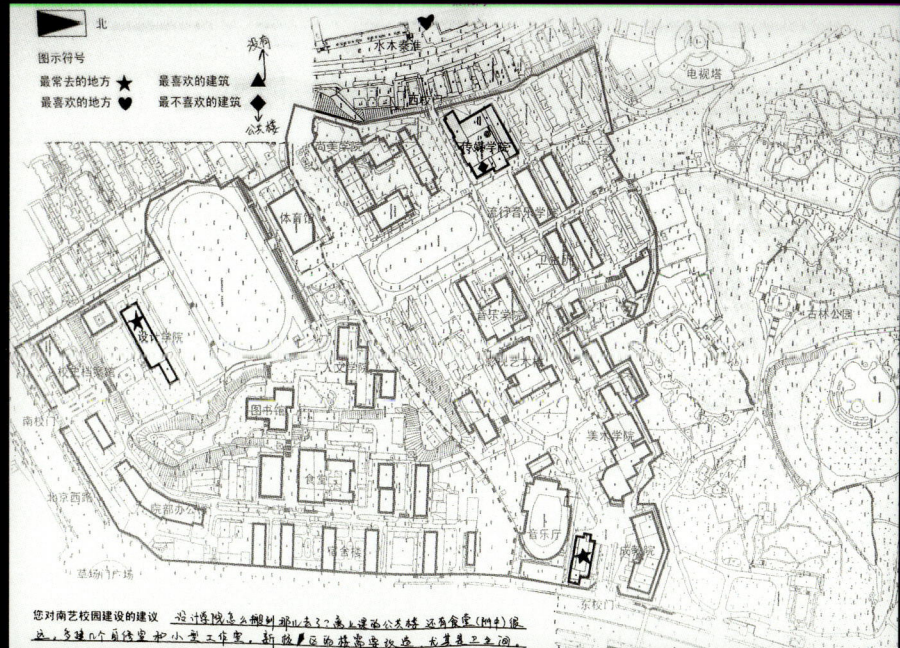
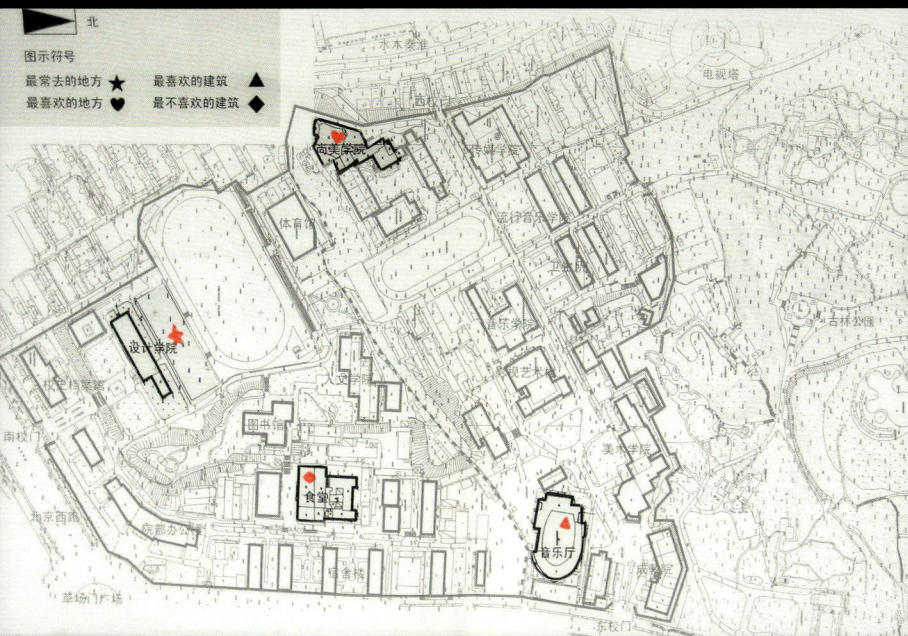
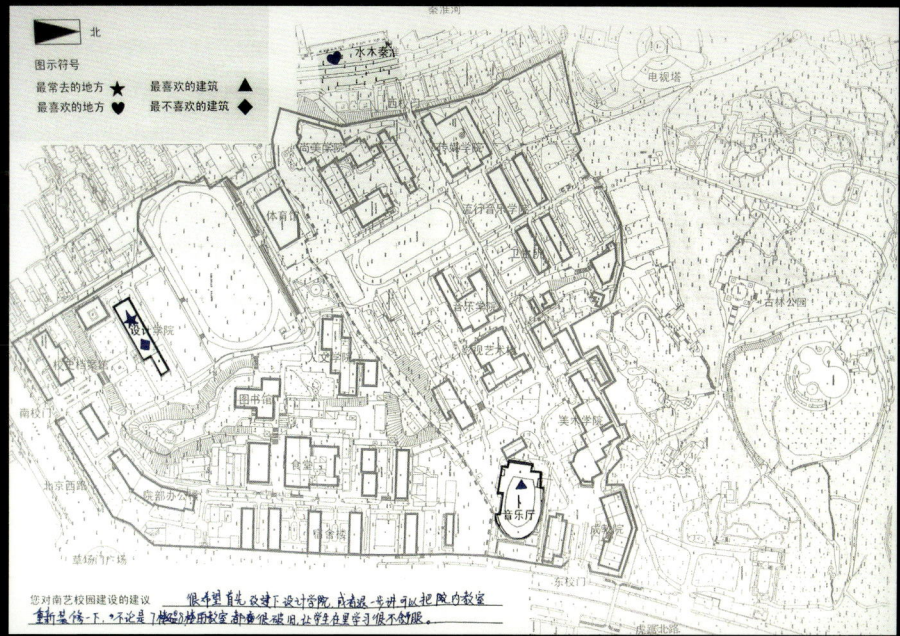

《俄勒冈实验》引发的思考——
"南艺实验"

南艺项目设计组

《俄勒冈实验》是关于具有百年历史的俄勒冈大学在上世纪70年代的总体规划原则、策略和实践过程的论著。虽然该书自出版至今已逾40年，但其中所体现的"社区成员参与设计"的观念以及其衍生的规划设计理念，因触及设计的根源问题而从未过时，显示了其恒久的适用性。该书将大学视为一个社区，用大量的实例和细节展示了在校园规划中如何实现以下六个原则：有机秩序、参与、分片式发展、模式、诊断和协调，以期用最有针对性的方式逐步设计出校园的生活环境。设计团队通过对《俄勒冈实验》的研讨与学习，梳理出了南艺校园改造的六个原则：

1.梳理两个校区各自的布局脉络，重建合并后的整体校区的生活与教学秩序——有机秩序。

2.采用调查问卷等方式广泛听取南艺师生对校园建设的意见和设想，并在设计过程中持续地由校方的相关学科人员配合设计——参与。

3.根据校区用地状况和房舍置换的可能性，分区分期建设——分片式发展。

4.对普遍性的聚集场所和活动角落进行处理，如鼓励艺术活动分散化、鼓励步行短线连接不同功能区等——模式。

这里需对原书中的"模式"一章稍作解读。书中将由《建筑模式语言》（同一作者系列丛书中的前一本）中承袭的250种模式简化为37种，并进一步衍生为18种适用于大学的特殊模式。它们其实更接近于我们今天所说的对于不同"场所"的处理原则和策略。如其中的第7条"区内弯曲的道路"，建议区内道路建成环线或死巷，以避免机动车辆穿越校园。

5.根据每个单体项目的功能要求和所处现状及空间发展余地，先要发现问题，剖析症结，然后寻找解决之道——诊断。

6.新旧建筑的并置共生，利用环境条件并最小干预的原则等——协调。

对旧有校园规划设计的根本出路在于协调和梳理，利用新发展的空间激发潜在的活力，以场所带动建筑功能的组织，以建筑完成预设氛围的塑造。

我们愿意将这种模式称为"南艺实验"。南艺模式，就是在当下国内的大学普遍面临用地紧张、资金有限，而校园规划方式单一、城市设计缺位、教学环境亟需升级的条件下，进行的一次有益尝试。在快速城市化的进程中和大力发展高等教育的时代背景下，我国大多数高校都经历着快速发展的过程，其比较典型的几种模式包括：整体迁移、设立分校、原地扩展、加大密度、校园置换等不一而足，有的学校甚至是几种模式的混合。其中，以新校区规划建设为主，特别风靡全国的大学城做法是将设施老旧，地处闹市的老校园以较高的价格卖掉、抵押，然后在郊区获得便宜的更大的土地，并且向银行贷款进行全新的校园建设。而城市，则通过把高校引进郊区来带动周边的经济发展，提高文化档次和城市活力，带动就业，可以说是一个双赢的局面。但随着土地财政模式的不断收敛，银行贷款的日趋谨慎，大学城式的新校区圈地运动已经越来越受到限制。另一方面，新校区规划的手法单一、尺度失当，往往沉迷于对校园轴线、功能分区的简单概括和生硬解读，难以满足人们对人性化、多样化的美好校园的向往。

相反，当目光重新回到老校园本身，探索原有校园空间的潜力，利用旧有的建筑和校园格局因地制宜，进行整体的改造升级，在提高容积率的同时完成校园设施的升级、改善校园公共环境，就变得更加务实，并且富有启发性和创造性。如果可以借助校园改造激发新的城市空间，丰富城市生活，同样会是一种双赢。南艺的校园改造不仅仅是增加面积，还面临如何整合两个校区，并把原先的工科院校改造成艺术院校的难题。这就要求我们的设计规划不仅要"换骨"，还要"脱胎"。

校园改造策略示意图

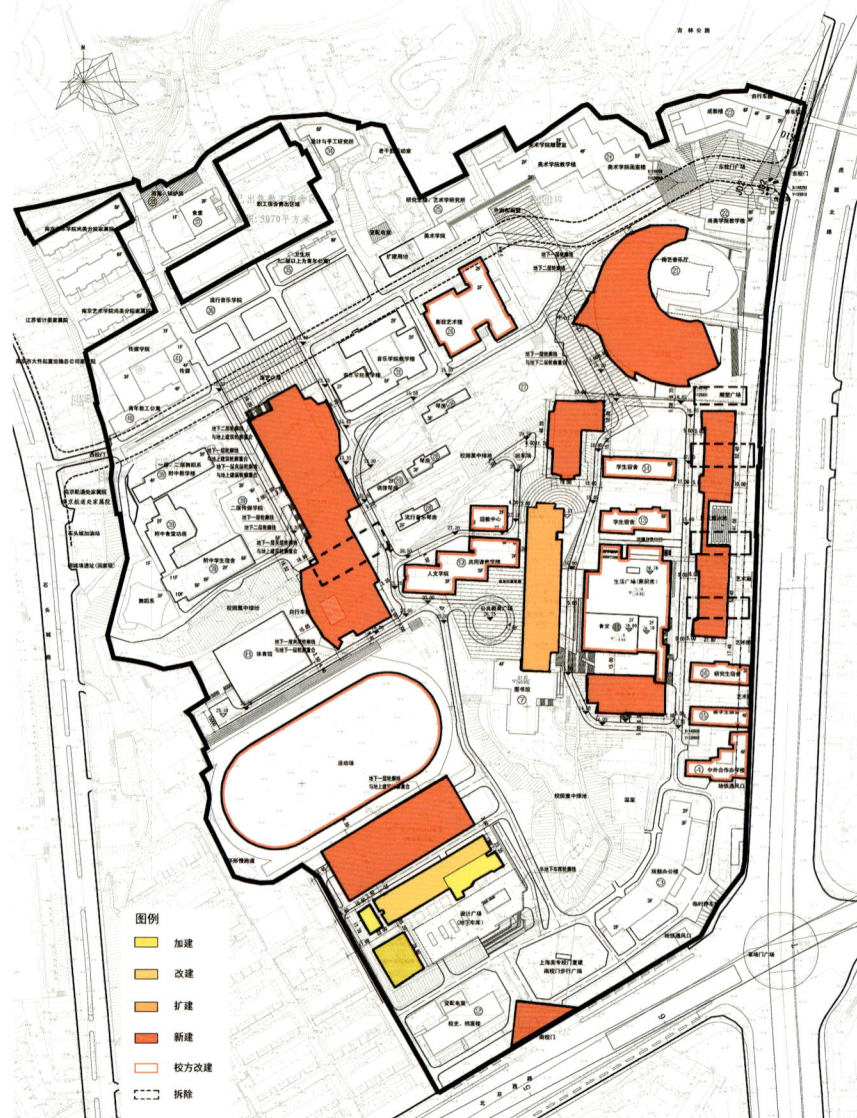

图例
- 加建
- 改建
- 扩建
- 新建
- 校方建
- 拆除

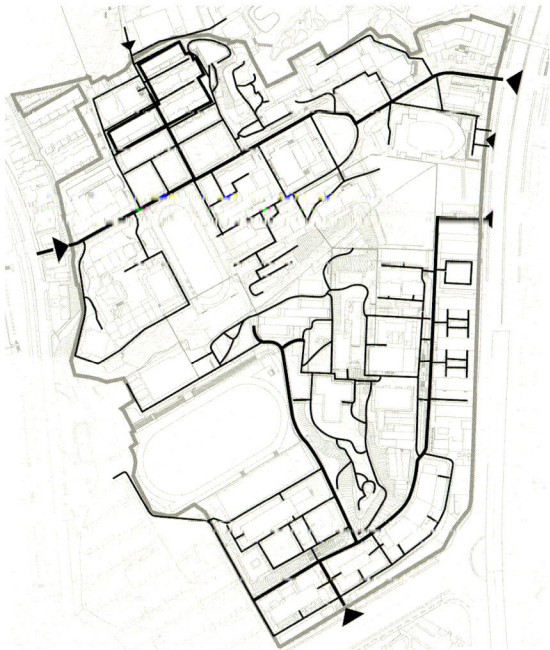

以俄勒冈实验为蓝本的南艺道路分析

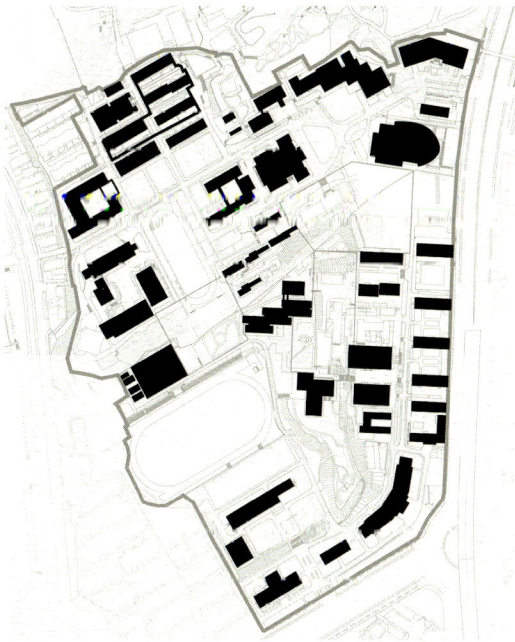

以俄勒冈实验为蓝本的南艺建筑分析

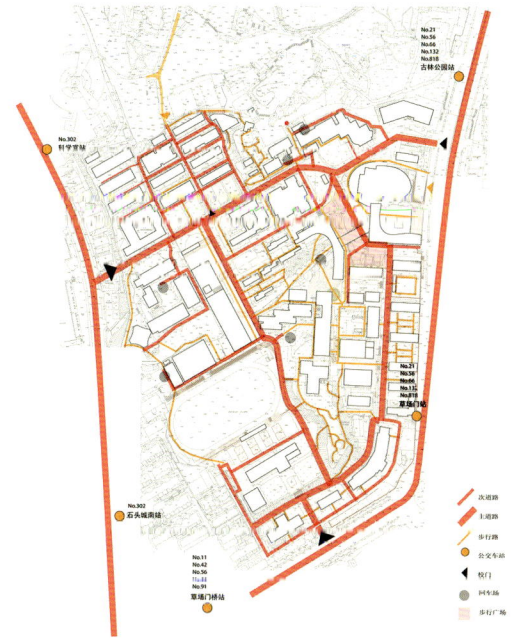

道路系统规划图

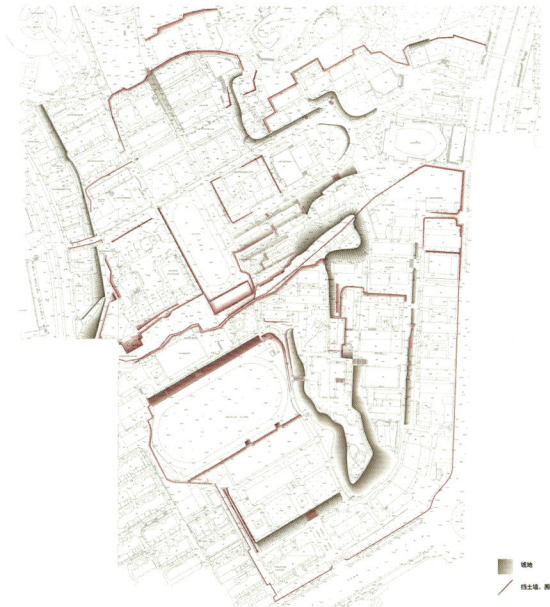

空间构成要素——墙与坡地

校园未被利用空间分析

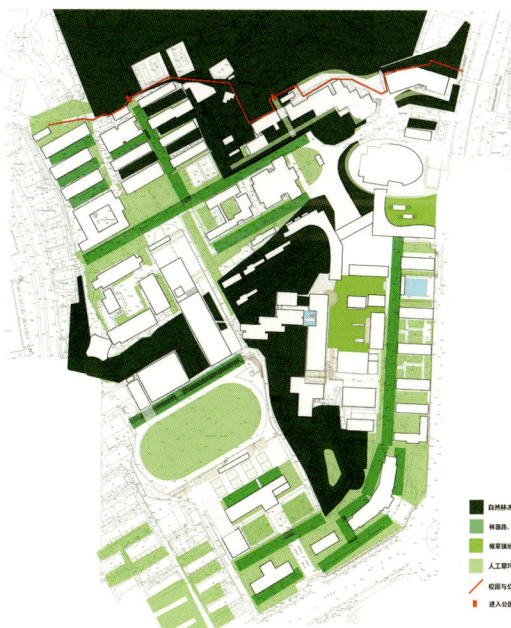

绿化系统规划图

规划设计理念

规划要点——艺术活动的穿插与渗透

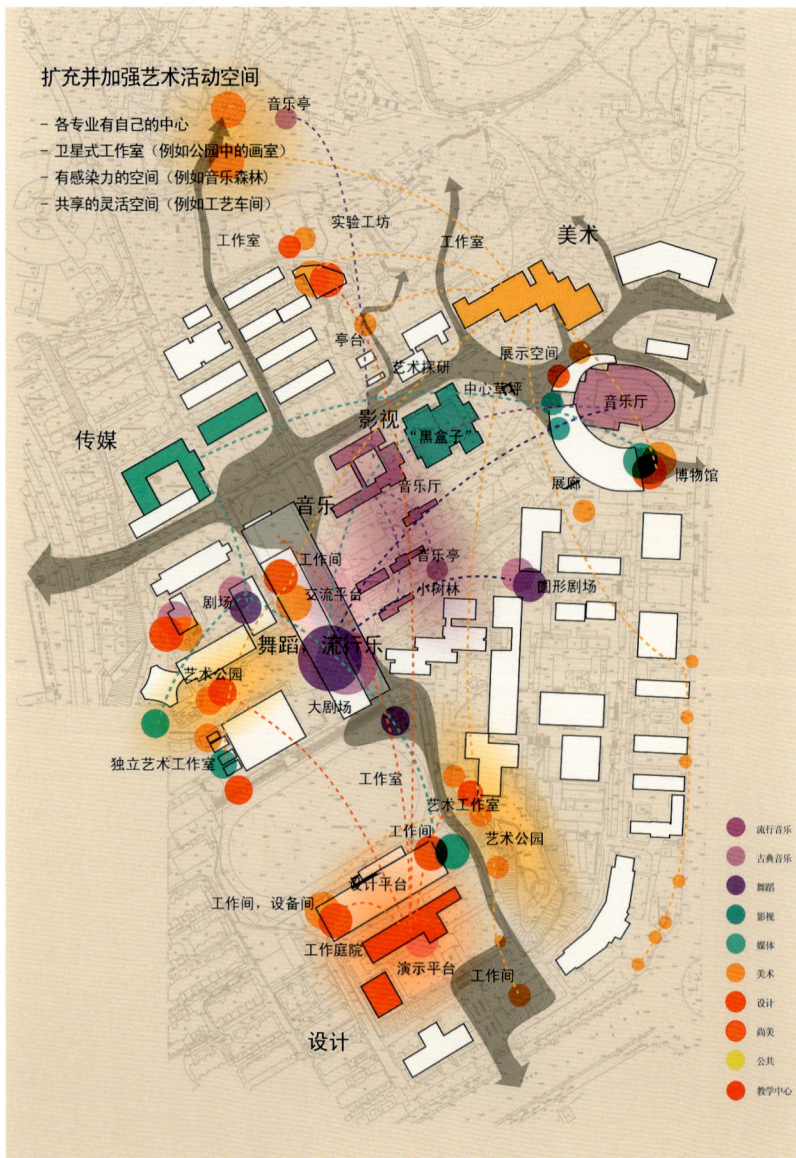

规划理念

南艺校园规划不是一张白纸上的畅想型的规划，倒像是在两张原本色彩淡雅但略带磨损的旧画上的合成、粘贴、修补和改善。当然，为艺术院校的教师和学生服务，提供充分和恰当的教学、实践场所，是规划的具体目标。

由此确立的规划理念是：有机更新、理性建设、调整置换、完善功能。

根据学校发展规划的任务要求、艺术院校的院系设置特点和校区环境条件，规划设计的方向和原则框架很快建立起来，主要有以下几点：

1.校区规划南北协调、完善道路系统和动线组织，根据现状局部调整，总体架构不大动干戈。

2.建设项目充分利用原有建筑"见缝插针"，采用插建、扩建、添建等方式，新老建筑合理搭配、共存共生。

3.强化和再造校园公共活动空间，尤其是增加有利于艺术活动的特色空间，鼓励师生开展艺术实践和交流。

4.建设完善校园公共设施，妥善组织学生的生活学习路径，促进教学工作高效开展。

5.加强与城市空间、城市生活的联系。为南艺利用自身的艺术活动带动周边区域的文化事业发展创造条件，使校园生活更积极地融入到城市生活的大背景中。

规划设计要点

1.校园整合

将原本不相干的两个校区整合为一个校区，首先从"修路"开始：将东侧两个校区原有主干道连接成为一条主干环路。此环路上生长的次一级步行线路将不同的功能区联系起来。

2.绿化系统规划

绿化系统规划的一个主要目的是尽量恢复原有校园山地的地势脉络，以连贯的绿化植被连接中心区的几个主要建筑，并与北侧美术学院后面的古林公园山势的余脉取得呼应。

在植被策略上利用校园中部自然山地密林的优势，继续延续多种类型乔木、灌木和草本搭配形成多层次绿化的方式，提高整个校园的绿化率。

3.校园主题广场规划

按照规划的整体架构和功能区划设置主题广场，即有意图地指向公共活动空间，更积极地组织起学生的各种活动，形成校园最具活力的生活舞台。下面七组广场依据周边建筑的功能和性质而设置，涵盖了校园生活的各种可能性，并都在后续的设计和建设中基本得到实现。

8:00
西门
东门
南门

10:00
传媒学院
演艺中心
美术学院
成教学院
中央教学
影视学院
尚美学院
设计学院

17:00
花园
体育馆
屋顶广场
运动场
音乐花园
运动场
花园
广场
广场
院落
游泳池

12:00
校外小餐厅
食堂
茶座
咖啡厅
咖啡厅
花园餐厅
有餐厅的广场
食堂 茶座和咖啡厅

15:00
工作室
工作室
花园
排练厅
排练厅
工作室
工作廊
工作室
车间
工作室
琴房
展场
图书馆
艺术展场
花园

20:00
演河广场
剧场
小剧场
庆典广场
室外剧场
设计俱乐部
学生广场
博物馆和音乐厅

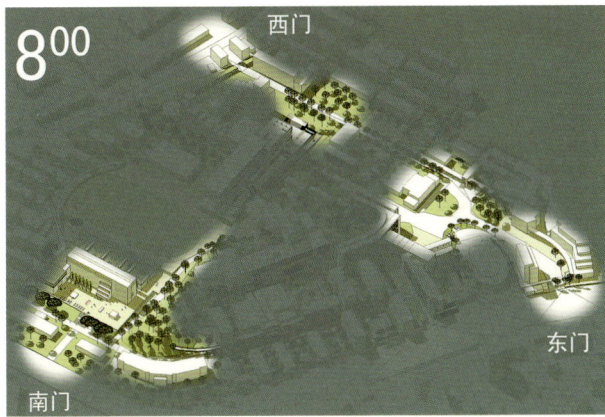

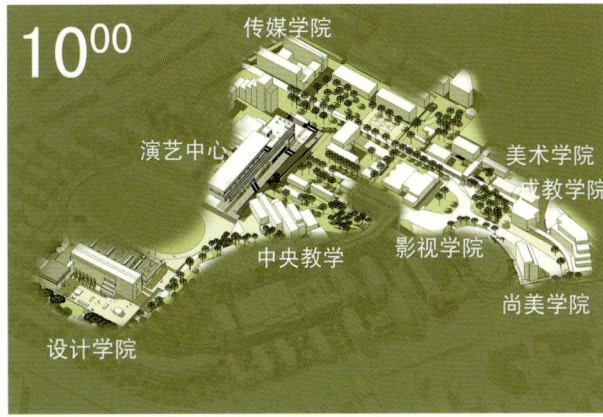

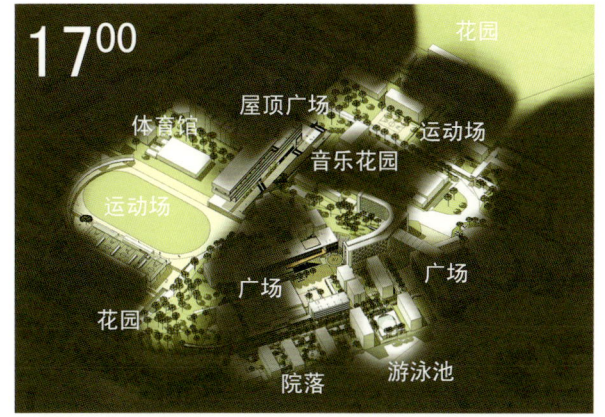

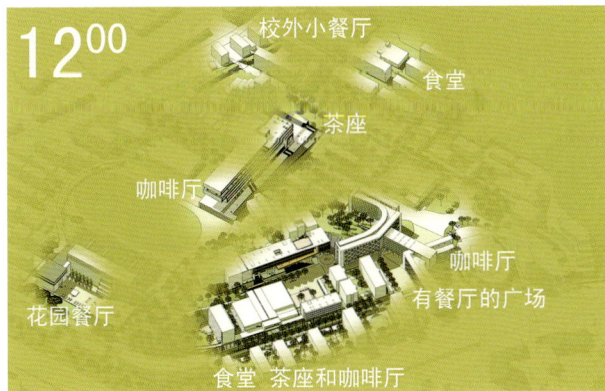

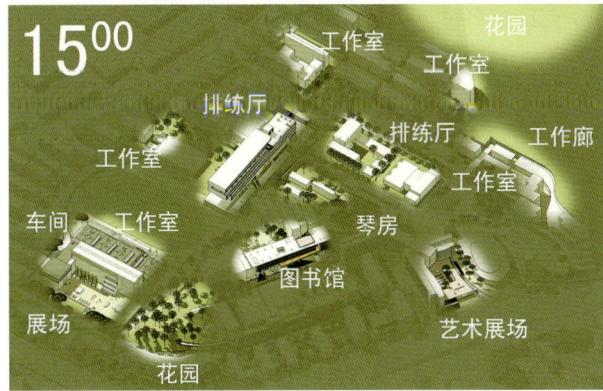

校园每日活动时段分析图

校园主题空间规划

■ 广场，校园活动中心
■ 连续的绿色空间
■ 其他次级主题空间

演艺广场
音乐森林
中心广场
公共教育广场
运动甲板
东校门广场
生活广场
室外餐厅
艺术展示平台
游泳池
南校门广场

41

4.校园活动空间规划

设置合理的校园活动空间不仅可以促进基本教学活动的开展，也可以激发不同院系师生间开展艺术交流，并为学生的日常生活提供多样的场所。

这样的空间主要分为两类，一类是依附于建筑，在新建建筑底层、平台以及与公共广场发生联系的部位设置的艺术展厅、工作室和休闲咖啡厅等室内空间，如图书馆下面的大台阶及室外剧场；新建宿舍群的底层架空部分设置的活动室、小店铺等；厨房顶的生活广场。

另一类是独立于建筑之外的空间，种类更为丰富，也更为自由和活跃，可以充分利用方便可达的院落、林间绿地、原有空置的库房等设施进行改造，如原图书馆南侧小山坡，用吊桥与设计学院相连。

5.校园与周边城市环境

校园的活动是城市生活的一部分，经过有意识的雕琢，南艺可以将自己独有的艺术影响力不断地向周围传递和辐射。

（1）面向城市的广场

在前述的7个校园的主题广场中，东校门广场、南校门广场和美术馆艺术广场均与城市相连通，形成城市气氛与校园生活之间的过渡区域，因此应兼顾外部城市的景观和活动。

（2）古林公园

南艺对北侧古林公园的租用是城市与学校互利双赢的一个良好实例。学校借公园为广大师生提供休息、活动和进行美术培训的场所，同时也为公园提供临时或长期展示的艺术作品，提升城市公园的艺术品位。规划中曾建议在美术学院展厅背后再辟一道通往公园的门，加强这种联系。

校园与城市的交流互动

公园为广大师生提供休息、活动和进行美术培训的场所，学校为公园提供临时或长期展示的艺术作品，提升城市公园的艺术品位。

一条限制机动车通行的城市艺术大道，两侧的建筑物为城市提供开放的艺术教育设施，将城市居民的生活吸引进来，成为与城市空间观察互动的窗口。

音乐厅与博物馆：作为标志性建筑，这两处开放性场所为社会公众参与艺术活动创造了机会和可能性。

明城墙遗址公园：恢复原有城墙的状态和留出尽可能多的绿地，并鼓励市民在其中的日常活动

休息与艺术邂逅：利用隙落的一侧为城市提供服务的空间改造为小的展廊或公交候车亭、书报亭以及小咖啡厅等，给这条原本缺乏生气的城市道路带来一点活力。

成教楼
艺术工作室
艺术馆
画廊
音乐厅
博物馆
艺术展览平台
演艺广场
画廊
剧场
画廊
河岸公园
咖啡厅
庆典广场
咖啡厅
展览平台
上海美专大门

城市绿地
城市公共空间与街道
半城市公共空间
艺术与文化空间

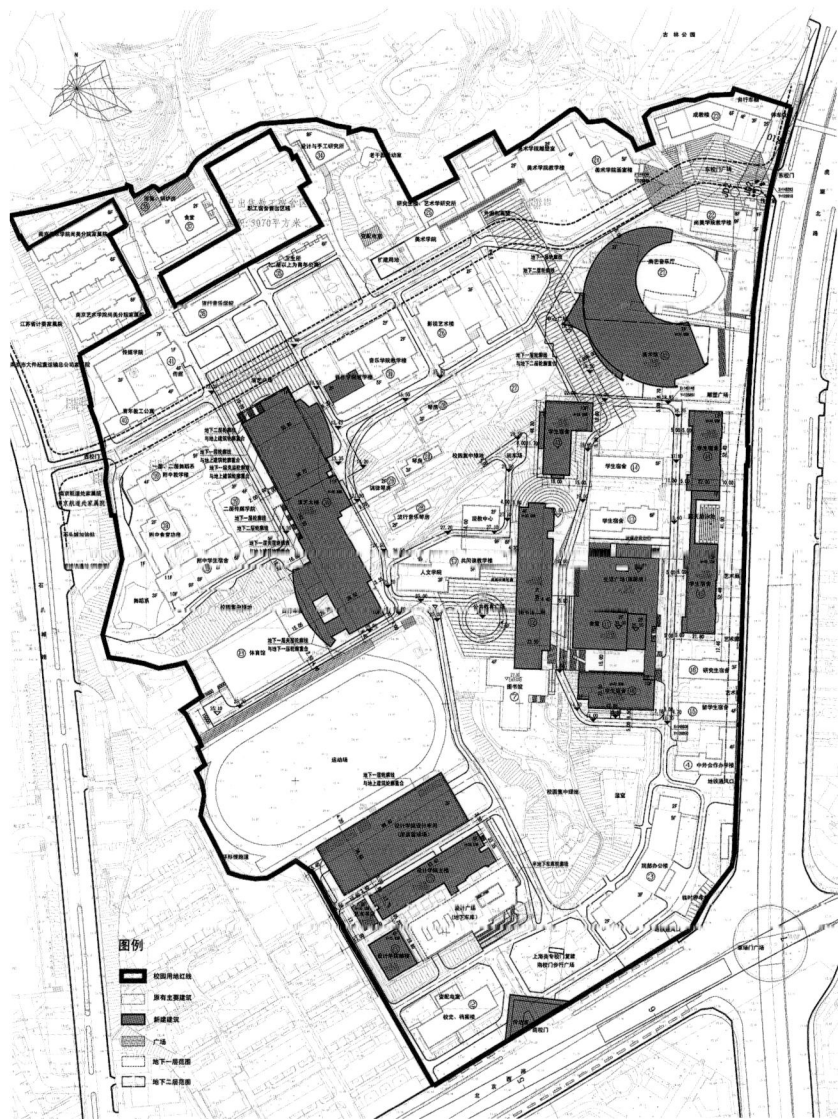

总平面图

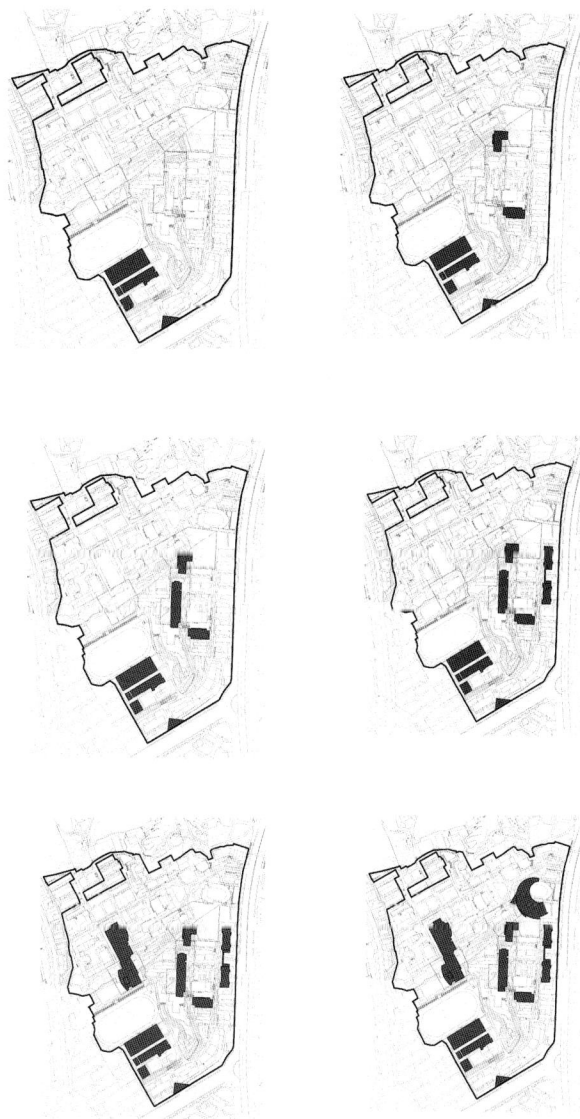

校园建设时序示意图

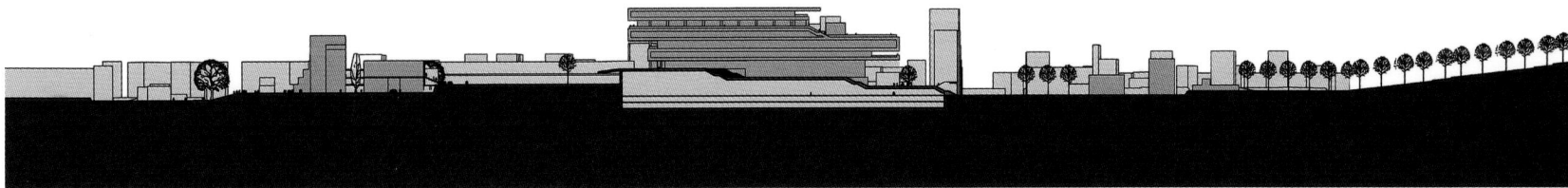

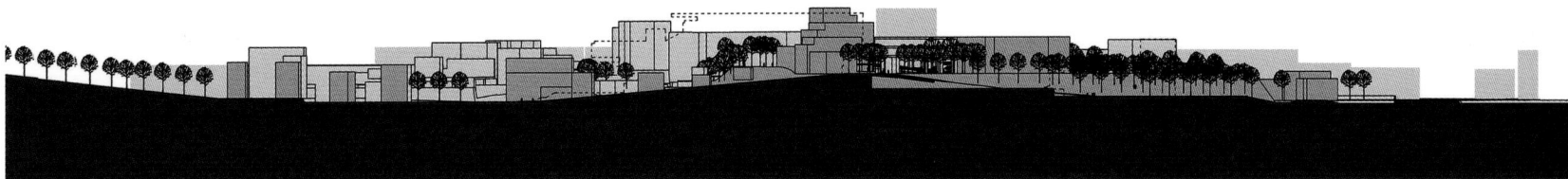

校园剖面

建筑设计

设计理念：在现有环境的背景下和现存建筑的夹缝里辗转腾挪，创造新天地。通过改建、加建、扩建以及拆除并新建等综合性的策略，求得新老建筑的资源整合、功能搭配和空间重组，达到和谐共生。

南校门

新建的南校门采用了三角形平面，内立面则强烈地暗示了朝向山体的空间引导性，与复建的原上海美专校门遥相呼应。两个校门形成的轴线由地面的砖砌铺装加以强化，将笔直的步道一直延伸到背后的山体上，强调了对校园人流的导向性。

设计学院

设计学院将两栋原有建筑连通，将六层主楼的功能定位为教室，配楼定位为展厅，并在主楼东南角面对新建校门的位置加建一组六层高教学房间，形成了丰富的立面表情。

宿舍楼

学生宿舍楼是在南校区原学生宿舍区拆除部分老楼的基础上新建的一组宿舍群，高度10～13层，均为不超过50米的板式高层。四栋新楼共同构成了内聚性的空间架构。架空底层作为宿舍的公共区，加强公共房间与校园环境的联系，平面灵活，高差复杂但流线明确。

图书馆

新馆是老馆功能的拓展和延续，大跨度双排柱网提供了大面积的开敞空间，同时各层阅览室也以开敞大楼梯连通，加强了空间的流动性。地势高差带来连接的困难，也带来空间的丰富层次。大量坡道和台阶为学生从各个方向到达图书馆以及穿越图书馆提供了便捷的通路。

演艺教学大楼

建筑整体形态首先反映了对环境的应对策略，与周边密集现的现状建筑在尺度和空间上寻找关系。其次，建筑的形态力图与自然地势相应和。上部建筑的体型较为简洁并突出力量感，而建筑下部随山就势。建筑内包含了排练、演奏、观演等多种功能。

美术馆

美术馆的形体以向心的弧形体量与椭圆形音乐厅扣合在一起，使两个建筑浑然成为一体。外部造型采用向心的弧线体形，对音乐厅形成半围合之势。整合设计使建筑形体更为完整、流畅，富于视觉冲击力，从而能够有效地强化公众认知，树立建筑的地标特质。

南校门

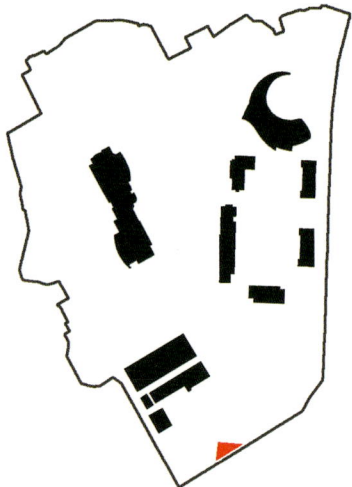

面向虎踞北路的南校门，是南艺新校园序列空间的起点。改造前的南校门广场上原有一民国风格二层建筑，是南京工程学院的办公楼。关于它的去留，校方与设计方经过多方商榷，终于达成了共识——拆除该楼，营造一处开敞而整体的广场空间，并复建上海美专校门，以表达对南艺百年历史的纪念。

总建筑面积：212.07m²
建筑高度：8m
建筑层数：1层

设计构思

南校门像一个简洁的混凝土空间体，屋顶几何形的透空格梁消除了压抑和阴暗的感觉。青灰色的混凝土外框内含一个精巧的玻璃体，将机动车道和步行人流分隔开，正好形成值班室。南校门的形体，既避免了沿北京西路可能产生的偏转感，又照顾到校园的前导空间；复建的原上海美专校门则标示出正南北方向，并正对新校门；两个校门形成的轴线由地面的砖砌铺装加以强化，将笔直的步道一直延伸到背后的山体，强调了对校园人流的导向性。

在崔雄副院长的主持下，校门根据老照片复原，比例略微缩小以便跟广场的尺度相适应，同时与广场石材的铺砌统一设计，并在嵌入式地灯的指向性暗示下，使老校门成为兼具通过性和象征性的景观节点。

设计要点

正对校门的大台阶将位于不同标高的校门广场和设计学院广场连成一体，将整个步行区串接起来，为形成连续的艺术活动场所提供了条件；广场保留部分原有树木和原有地势的起伏，石材铺砌的地面有意识地利用起坡和切角拼缝的方式，显示出坡面的折转，使树木看起来还像是长在硬质铺砌的"山坡"上。广场边缘用于消防车通行的地面虽然路基格外加强，但地面铺砌还是同样材料和规格，使广场直接蔓延到建筑或台阶根部，消弱了道路的感觉，强化了广场的整体性和纯粹感。

南校门规划意向分析

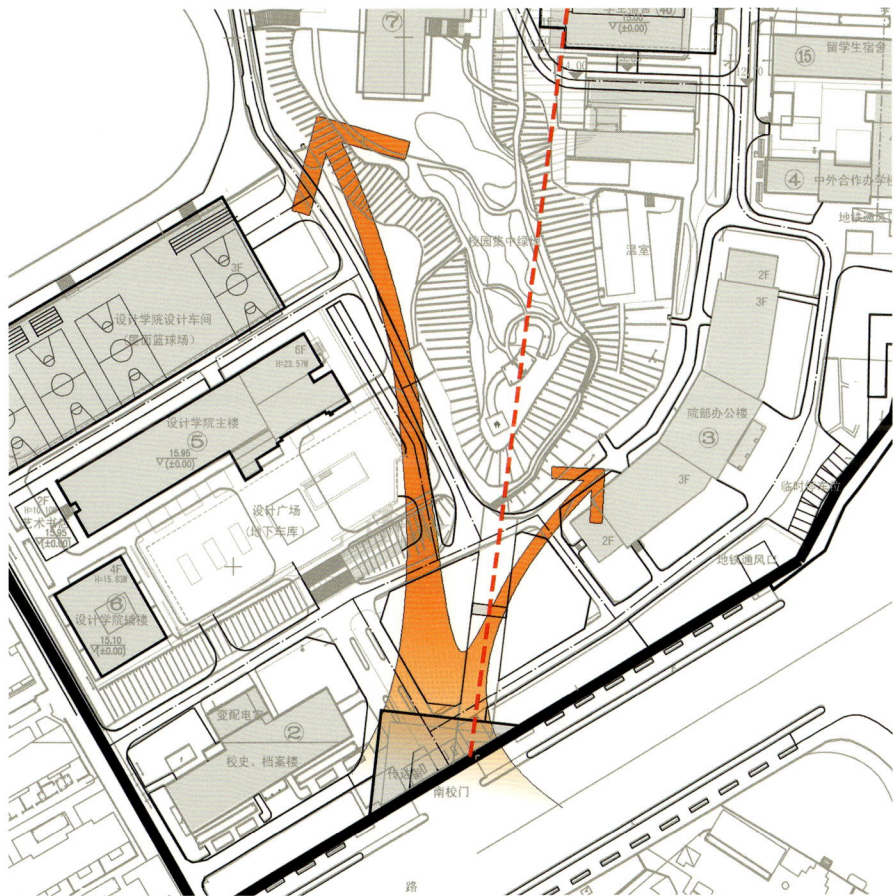

南校门在校园中的位置

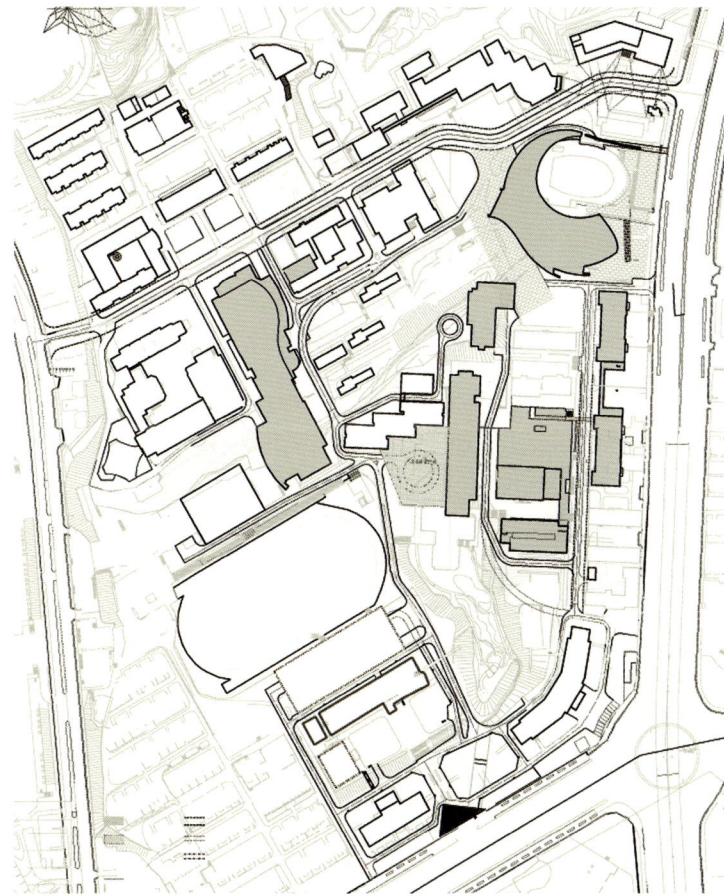

"南校门的原址是南京工程学院的主校门，它原本的造型比较普通，正对着现在的设计学院、当时工程学院的主楼。道路两侧密密麻麻排列着树木，而我们则思考着，艺术学院的校门如何改变这样的气质。于是我们想到了校门面向山坡的这个思路，认为这样可能更有意思。说实话，只有在艺术学院这个环境下，只有在这些校领导的认知下，才有可能做成这件事情。这样的校园是非常独特的，我们破掉了唯一的轴线，取而代之的是用山水环境作为主导。换句话说，我们对自然、环境的关注多于对建筑的关注。"

——崔愷

南校门的设计策略不仅形成了一个完整而开敞的广场空间、为设计团队在校门轴线上的独特思路提供了背景，也使得该区域的人流组织变得十分顺畅。简洁、有设计感的南校门为街道增添了形成了一道庄重、友好，而又引人注目的风景。

手绘展开图

　　特别值得一提的是，冯健亲老院长对于校园的改造设计十分重视。热爱艺术的他，不仅关心校园设计、建造的每个环节，还亲自为南校门设计了彩釉玻璃。色彩沉郁浓烈、形态飞腾激扬的云图，围绕着小小的值班室连绵不绝，奔腾不息。

　　彩釉玻璃的工艺制作也是由南艺设计学院的玻璃艺术工作室配合冯院长完成，吴映月，杨美华老师为此奔波于工作室和玻璃厂之间，付出了大量辛苦的劳动。彩釉玻璃由南京九龙艺术玻璃有限公司承制。

　　五彩斑斓的玻璃增添了近观校门的细节与趣味，也为南京艺术学院与城市的接口增添了更多的艺术气息。

顺着复建的上海美专校门望向郁郁葱葱的山林，可以看到在绿树的掩映下，一座名为"沧浪亭"的苏州美专校门。两座校门遥相呼应，展现着南艺百年的开端，暗示着今日的南艺承前启后的历史使命。原先略显狭窄的入口空间经过改造豁然开朗，拥有了历史积淀更为厚重、姿态更为开放的气质，使得南艺的第一印象焕然一新，让一些工程学院的老同志在路过这里的时候，都惊异于这一创新的设计，以及出色的建成效果。

设计学院

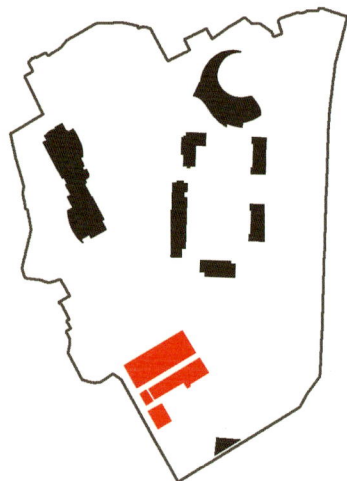

设计学院前身原为南京工程学院的实验楼。设计学院是南艺最大的二级院，亦与社会的接触十分紧密，因此校方决定，将设计学院放在南校门广场后方，成为此处校园空间序列的"排头兵"。设计学院与南校门一起构成南艺校园改造的第一场战役，其特点是围绕原工程学院教学主楼（计划改为设计学院主楼）进行见缝插针式加建补缺。

总建筑面积：11083.05m²
主楼加建部分1910.22m²，附楼加建部分501.5m²，设计车间8671.33m²
建筑高度：设计学院主楼加建24m，标准层高3.6m
建筑层数：设计学院主楼加建6层，附楼加建1层

设计构思

　　广场的整治共可分为六个部分：新建南校门、设计学院主楼加建及立面改造、设计学院附楼改造及加层扩建、设计学院主楼前广场改建地下车库，以及利用主楼背后的篮球场地新建设计车间（其地下车库兼作人防）并回建屋顶篮球场，围绕上海美专校门复建（学校自主建设）的南校门广场景观设计。

设计要点

1.见缝插针、改旧添新，在维持原有建筑格局的原则下最大限度增加使用面积。

2.改善原有建筑空间形式，创造适合设计教学、制作和展示功能的空间。

3.主楼前广场（车库屋顶）与建筑立面整合处理，共同围合出立体的艺术展示"场"。

4.校门广场的景观设计延续了南校门的扭转校区轴线的意图，围绕复建的"上海美专"校门，将学生活动引入校园纵深。

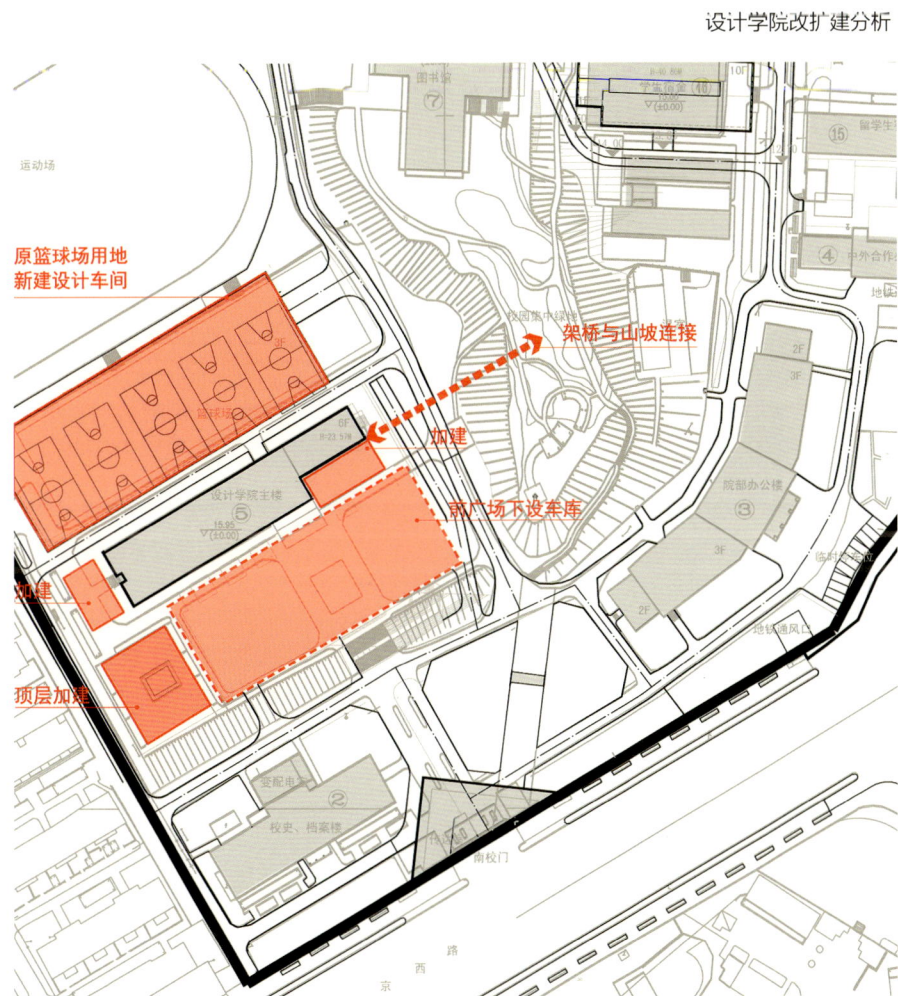

设计学院改扩建分析

原篮球场用地
新建设计车间

架桥与山坡连接

加建

前广场下设车库

加建

顶层加建

设计学院原状

设计学院区域效果图

设计学院主楼

　　加建部位位于原主楼东南角一块20米×10米的狭小区域，主要功能是展览、教学、会议和工艺制作等，为尽量增加面积，新建部分7层，比原楼高1层（顶层为两层通高的天光画室），但平面完全嵌入原主楼的缺角部位，这样平面更加完整，建筑形体也更加紧凑。加建部分与原主楼稍微脱开约3米（便于基础处理），各层以桥相连。这个狭缝状的中庭竖向贯通各层，成为全楼里最具活力的艺术活动空间；并以一条悬吊的钢桥穿出楼体，一步跨向东侧的山坡，通向图书馆方向。

　　主楼前的下沉天井埋有伏笔，除了功能需要，也是艺术装置的特别展场。所以天井的东侧升起一面墙，既作为设计广场的界定提示，也是一面展墙。后来的结果证明这面墙的利用率非常之高。

设计学院主楼立面草图

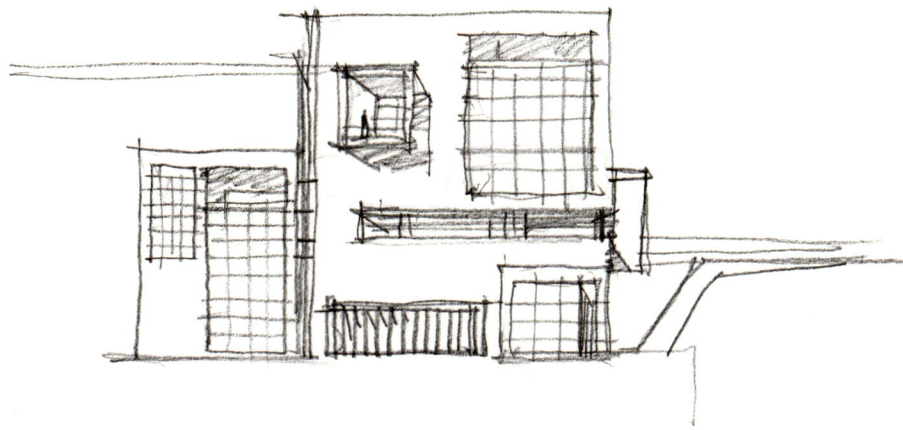

　　设计学院的一组教学房间在南立面隐含着规整的框架秩序，但利用大小不同伸缩进退的盒子体的变化，形成了丰富的立面表情；各房间根据空间尺度的不同可以分别用于展览、教学、会议和制作等各种用途，甚至可以是直通室外的休息平台，在满足功能的前提下为南校门区立起一座具有提示作用的艺术墙面。从最先建成的南校门区开始，设计学院南面与东侧，以一静一动应对空间的"放"与"收"，变换着松弛和紧张的状态，也预示着校园空间会不断出现的戏剧化的节奏感。

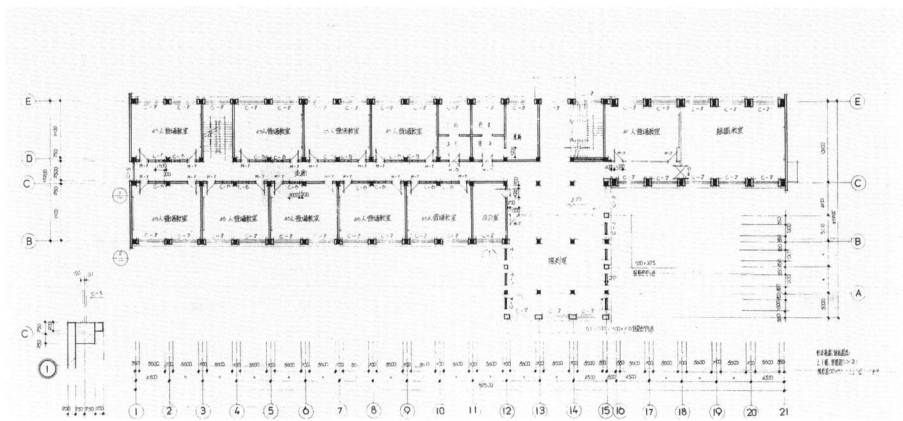

设计学院主楼（改造前）一层平面图

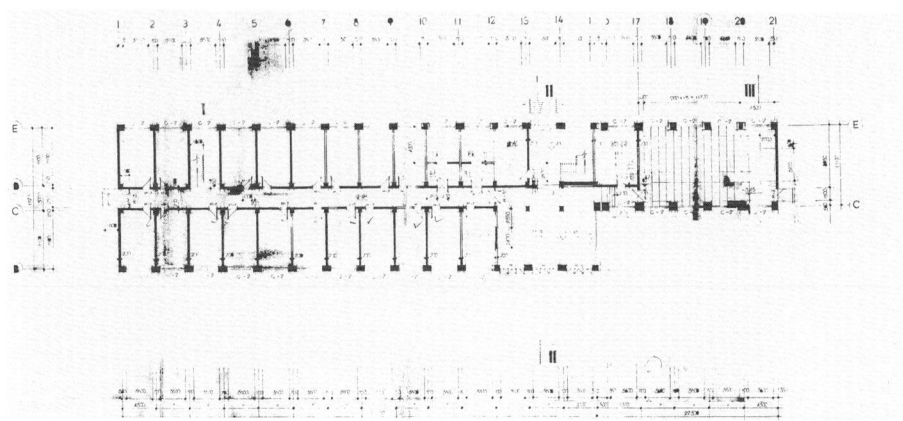

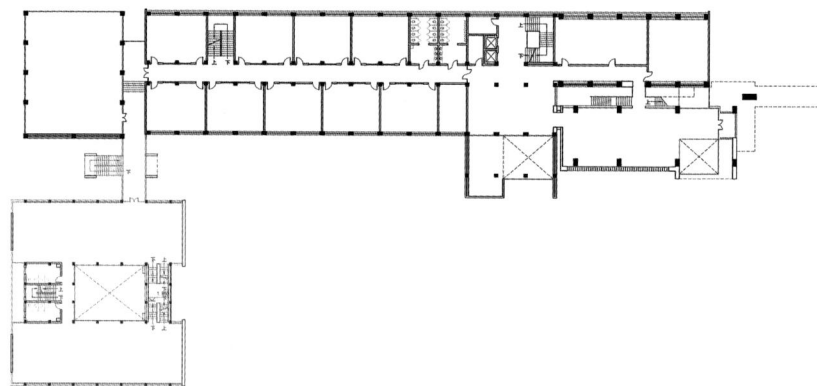

设计学院主楼（改造前）二层平面图

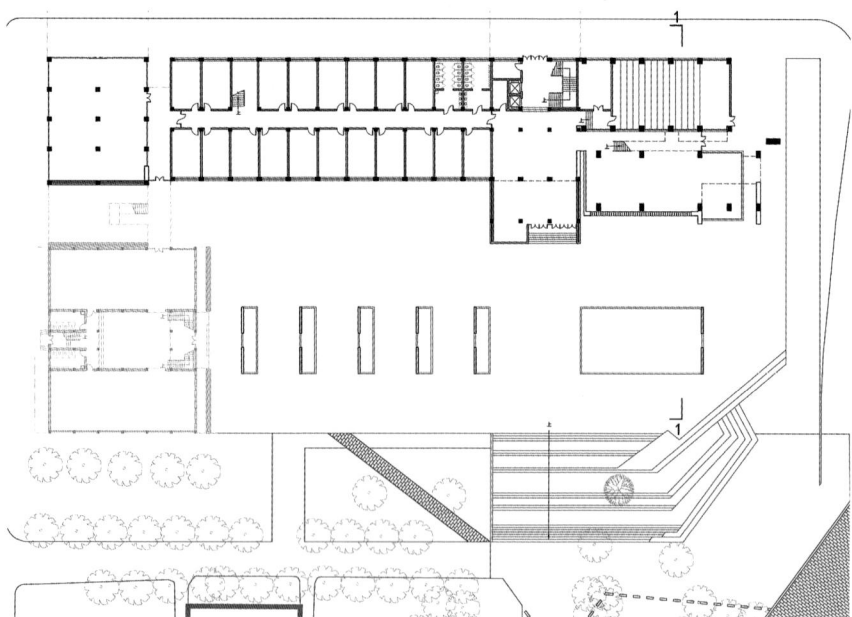

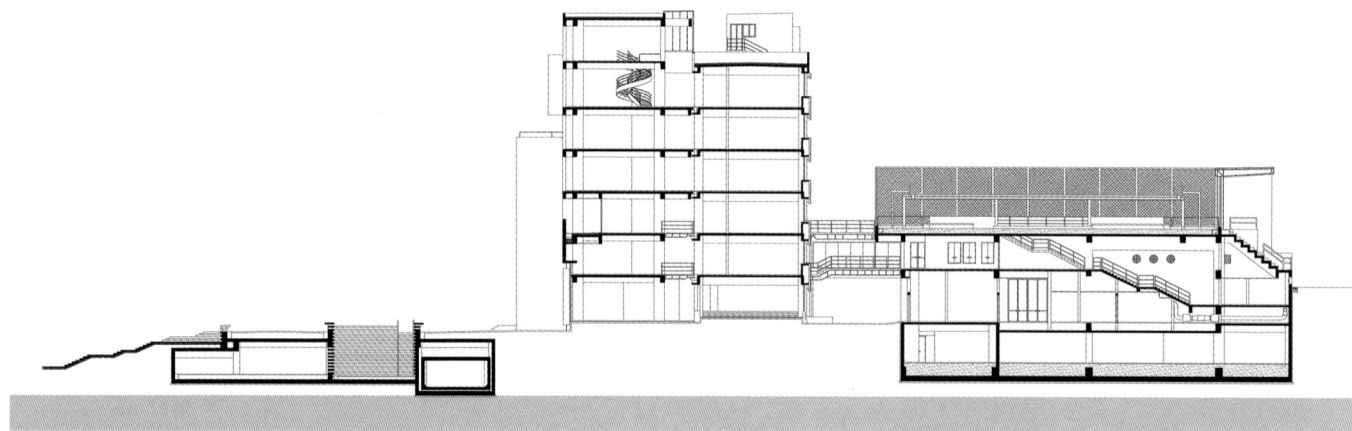

设计学院主楼一层平面图

设计学院主楼二层平面图

设计学院剖面图

主楼扩建完成后，设计学院的师生作为空间的主人，对于室内空间有着颇多的期待与设想。于是，师生们成为了室内空间的设计师，以丰富的创意和专业的素养创造出了精彩的室内空间。四层、五层的设计沙龙色彩明快、功能丰富，设计考虑周全，实际完成度也很高。

设计学院附楼

　　设计学院附楼原为三层，结构加固后在屋顶增建一层，并在内部进行改造，扩大中庭增加高空间。中庭改造完成后的使用率很高，几乎是不间断地举办各种设计展、画展和书展，成为设计学院又一活跃的交流中心。

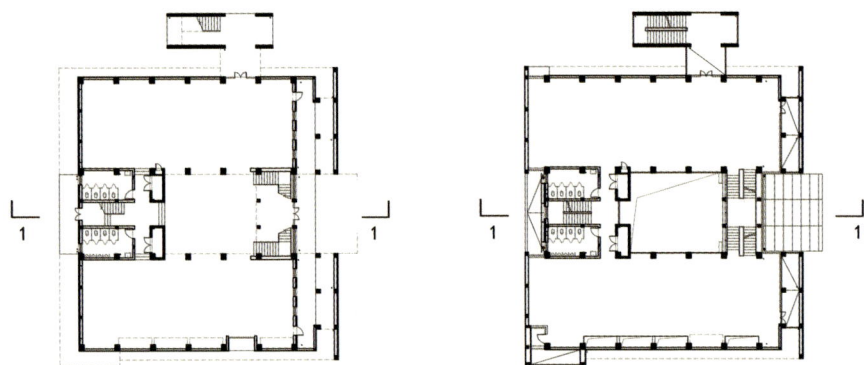
设计学院附楼加建一二层平面图

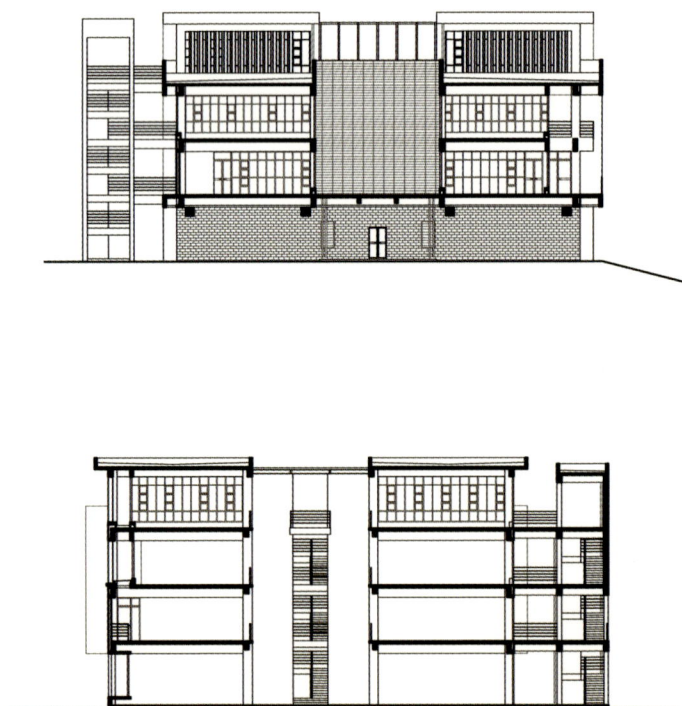
设计学院附楼剖面图

东立面两片剥离于主体的实墙面强调了入口的仪式感，也加强了设计广场界面的完整性，同时反衬了中间通高、装饰感极强的玻璃幕墙的简洁精致。建筑专业需要处理的主要是东立面，两片通高的实墙强调了入口的公共性，也加强了设计广场的界面的完整性。

附楼地面与南侧几米外的路面有约2米高差，这一段由地下车库入口延伸过来的坡地，由南艺环艺系的老师设计的植草砖坡景观带，完美地衔接了建筑与道路，成为"合谋"设计的又一块实验场。

设计学院附楼的玻璃图案也由冯健亲老院长主导设计，老先生选取了富有对比效果的色彩，组合出优雅而又符合设计学院性格的一幅抽象作品。

摄影：贾方

设计车间

设计车间位于设计学院主楼的西北，紧邻操场，为两层大跨度框架结构建筑，屋顶为篮球场。为符合防火规范，车间南面与设计学院主楼之间为消防车道，并使二层挑出，以保证消防车道的宽度符合规范。车间北面紧邻操场，为了使学生能更好地观看比赛，同时增强空间的连续性，在车间的北立面与操场挡土墙之间建造看台，解决了操场与屋顶篮球场的交通联系，形成了完整连续的体育活动场所。

套用专业术语，设计车间可以说是校内在高度受限的条件下容积率最高的单体建筑，也是利用空间非常充分的范例。这块运动场边狭长的用地承担了太多的功能期盼，校方在设计过程中也专门编绘有填色的房间布置图，帮助我们把空间塞满填实。

最后的建成品完全可以称作一台高效的设计"机器"。

层高8米的高大"设计车间"是主体空间，原设计沿长边设有吊车梁，希望容纳包括大型的雕塑制作等各种工艺；地下室是可停86辆车的车库兼人防工程；屋顶是被占用地但"回迁"的四个25米x18米标准篮球场；北立面改造为运动场的看台和主席台，看台下还藏有一排开有高侧窗艺术工作室；建筑东西两面通天彻地开了两扇可进货车的大型推拉门；南侧是唯一有外窗可以看到"建筑立面"的方向，但与主楼仅6米之隔，中间夹着一排保留的高大水杉和一条消防车道，为包括夹层在内的上下两排设计工作室提供采光。

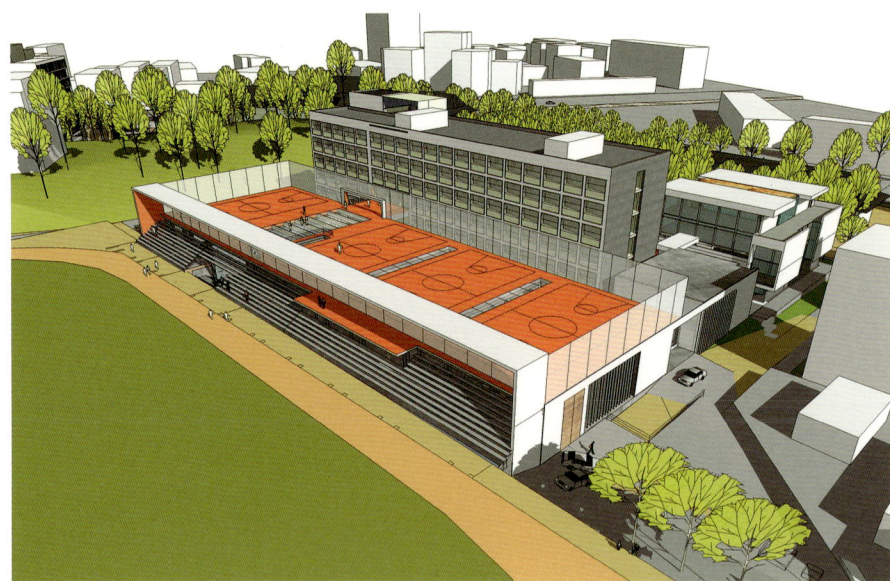

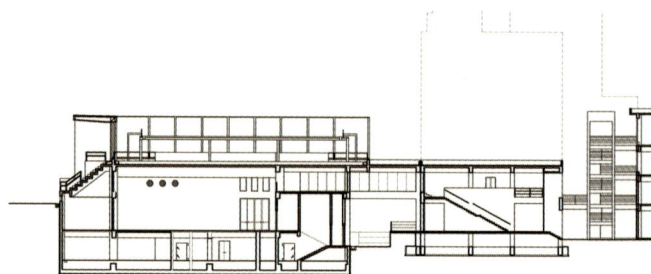

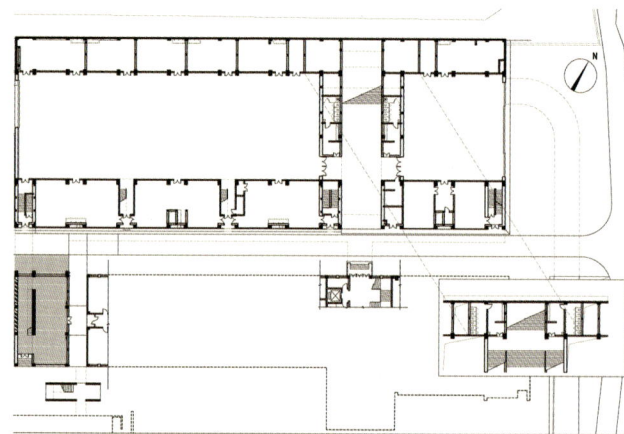

设计车间首层平面

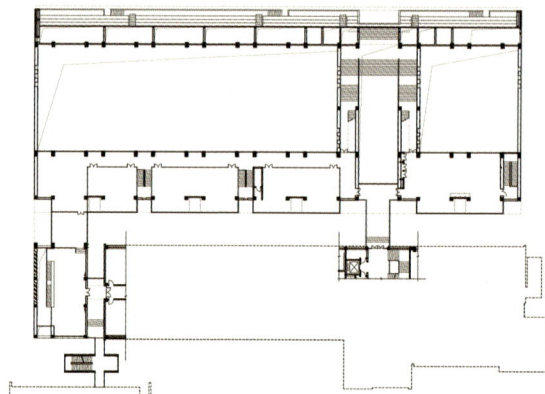

设计车间二层平面

设计车间剖面图

设计车间施工期间草图

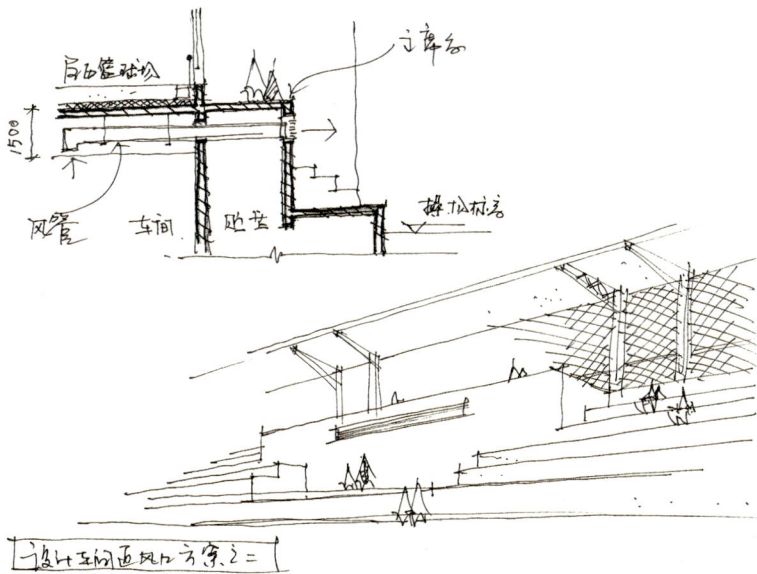

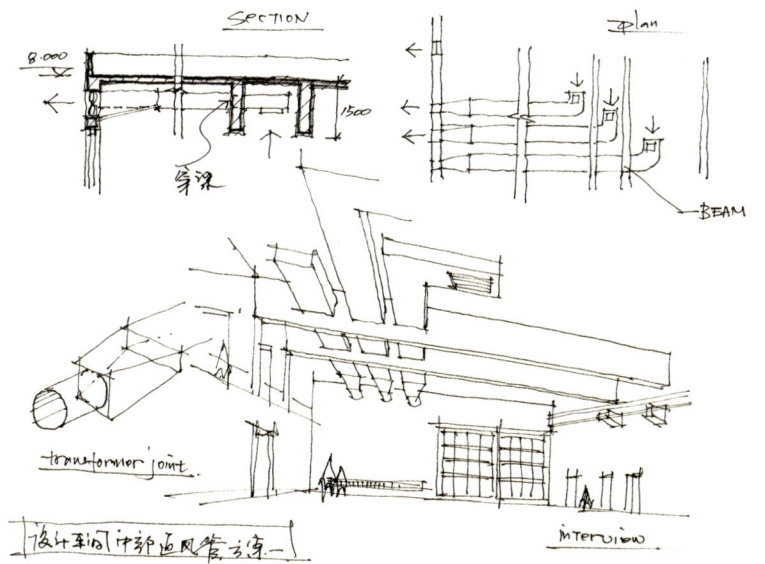

随着设计的深入，细节问题也开始凸显：被包裹在中央的"车间"光线怎么处理？手拿雕刻刀和画笔的艺术家们可不希望见不到自然光。这时屋顶的两条采光带发挥了很大作用：采光带的长度几乎与篮球场长边相等，宽度2.6米。这也是屋顶篮球场地间距的极限。晴日的白天，车间内的光线柔和明亮，完全不用人工照明。通向运动场的人行通道（上有玻璃采光顶，同样是顶支架空），也成了广受欢迎的艺术展示场。

建成后评估·来自设计团队的观察

一进南艺南校门，第一眼看见的就是改造后的设计学院。相比最早的方案，窗洞数量减少了许多，白色体量由一个变为两个。方案初期往往追求极致的表现力，然后在深化的过程中慢慢收敛。

学院前是一个抬高的小广场，广场下面是地下停车库。广场上摆了一些学生的造型作业，看得出艺术学院的学生在造型上的能力还是很强的，很优美也很有表现力。广场的台阶上三三两两坐着交谈的学生，能够感到艺术院校的自由和活力。

本应可以通往设计车间二层的通路被锁住了，应该也是出于对方便管理的考虑。通往山坡方向的连桥门也被锁上了，沟通展陈空间和自然环境的尝试最终还是让位给了管理的便利与安全。更为可惜的是，三层通往设计车间屋顶篮球场的门也被锁住，如果学生想要到达仅有一门之隔的篮球场，必须绕行体育场另一侧。

改造部分的四层至六层，设计之初为交流和休息空间，现被学院老师分隔成了若干工作室，用玻璃隔断将其与公共空间隔开。有的则成了模型室，门口堆放了很多模型工具和材料。五层的大阳台门是开启的，阳台上除了堆放一些杂物外，也提供了供人休息的椅子，有学生在上面聊天和作画。顶层七楼有天光，有很多学生在里面进行油画创作。每层基本上都有一些工具和材料随意的堆放。这也成了艺术学院的一道特别的风景。

进入西侧的车间，扑鼻而来的是一股浓烈的油漆和胶的气味。这里是染织，玻璃和陶瓷的加工车间，到处堆放着各种油漆，材料，废料以及未完成的作品。学生们带着围裙，匆匆忙忙地来往于操作间和操作台。他们的精神正高度集中在下一个作品上。为了更好地利用空间的高度，院方在车间中部增加了一个钢结构的夹层，将一些小型工作室布置在上面。这是一个充满了智慧的改造。

来自管理者的反馈

很长时间以来，我们一直对建筑学、建筑师十分敬仰，我们也常常向丁沃沃、张雷老师请教，学到了很多东西。设计学院是第一批改造完成的，我们已经搬进去五年多了，当时很兴奋——我们终于可以置身于一个有设计感的空间中，很多图纸上的东西也成为了现实，让我们觉得很新奇——比如老房子与扩建部分中间的楼梯、设计车间、桥等。

车间的设计完全是按照一个大厂房的概念来做的，功能的考虑比较粗放，我们在使用时还是进行了很多的加建和改造。层高定在8米造成了一点尴尬，因为老楼的层高是4.8米，如果能做到9.6米左右的话，正好可以和老楼的模数一致，两边沟通起来就方便了。现在加了一个夹层，每层层高4米，刚好和主楼这边差一点。

出于实际使用的需求，我们在后期也做了一些局部的调整，比如打通、增设一些空间等等。开放的设计沙龙因为功能不够具体，暂时被我们用作了展厅、教室等等。总之，我们一直在不断地把这些空间"具体化"。

—— 邬烈炎

摄影：贾方

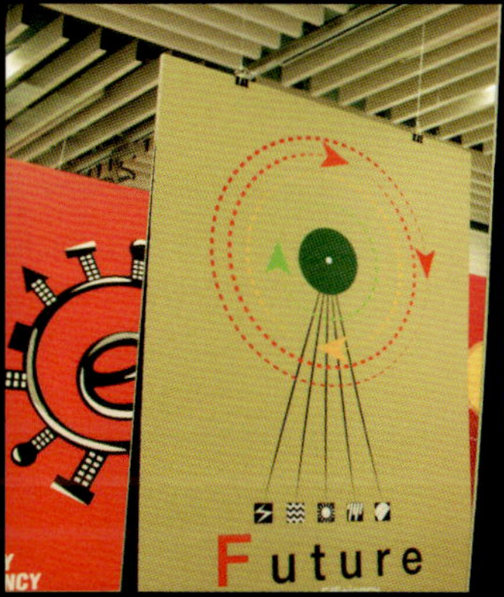
Future

energie
efficiency
КПД
30%
エネルギー
нефть
carbón
能源
erdgas
70%
энергия
biomass
nachhaltigkeit
gas
oil
wind
hydro

43～46号学生宿舍

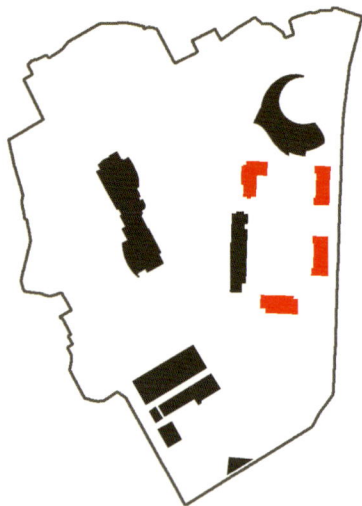

宿舍数量的不足，一直是南艺在教学管理上的一个瓶颈。在2007年，南艺校内只有一栋面积约为3000平方米、床位数仅为600多个的宿舍楼供学生住宿，其他学生的住宿基本依靠社会资源，还有一部分本地学生采取走读的方式。随着南艺的学生数量超过万人，校方决定在校园改造中，将宿舍作为一个重要的问题进行解决，至少满足80%的学生在校内住宿。新建4栋宿舍楼的思路应运而生。

总建筑面积：50979.45m^2

43号宿舍楼：11251.65m^2，地上10层，9873.06m^2；地下（自行车库）1378.59m^2

44号宿舍楼：13468.9m^2，地上12层，12113.9m^2；地下（自行车库）1355m^2

45号宿舍楼：14490.1m^2，地上13层，13173.5m^2；地下（自行车库）1316.6m^2

46号宿舍楼：11768.8m^2，地上10层，10728.2m^2；地下（自行车库）1040.6m^2

宿舍总床位：5948个

44号、45号、46号学生宿舍楼与靠近山坡的43号学生宿舍楼是在南校区拆除部分老宿舍楼的基础上新建的一组宿舍群，高10～13层，均为不超过50米的板式高层。四栋新楼共同构成了内聚性的空间架构，相对独立，北侧通过雕塑广场与美术馆及音乐厅相接，南侧为保留研究生宿舍区，东邻虎踞北路，西侧与准备建设的图书馆二期工程及校园中部的山坡相接。

1.建筑布局应考虑校内与校外、生活区与教学区、山地植被与广场的联系。

2.原有两校区建筑朝向存在一定角度，新建筑形体与方位应考虑与原有建筑的空间关系。

3.宿舍入口的设置应考虑功能以及其与周围环境的关系。

4.尽量保留原有树木。

5.建筑底层提供一定的公共设施。

6.尽量设计南向房间，并保证足够的日照间距。

7.宿舍的立面设计应考虑晾晒衣服带来的影响，同时通过形体及材料的变化削弱高层学生宿舍在形休上的单调感，创造新鲜生动的校园景观。

宿舍楼原状

宿舍区底层平面图

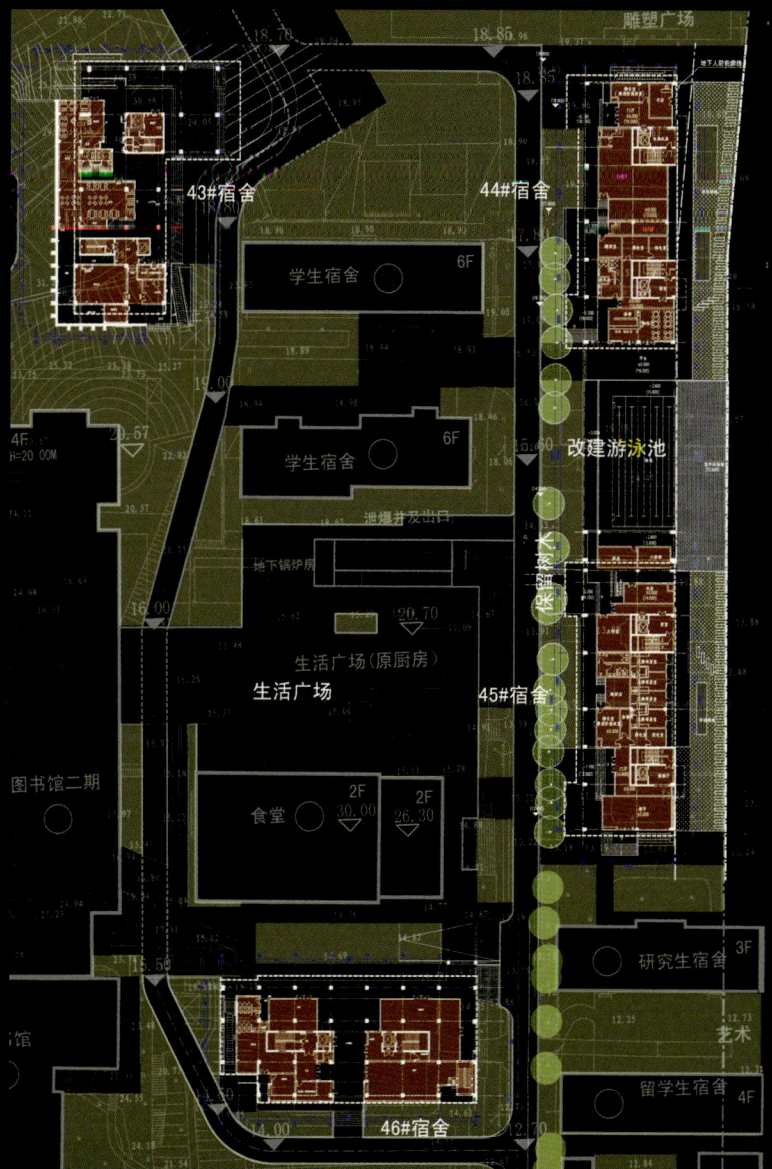

宿舍单元采用两间宿舍共用一组卫生设施的格局，两边设门的卫生间内布置两组淋浴和便器隔间，并用洗手槽代替洗手盆，在大幅度提升学生生活的环境品质的同时，也提高卫生洁具的使用效率，适应学生生活特点。每间宿舍有自己独立的阳台，并设有专供晾晒衣物的百页衣架，结合局部的公共平台形成建筑立面秩序和节奏感。

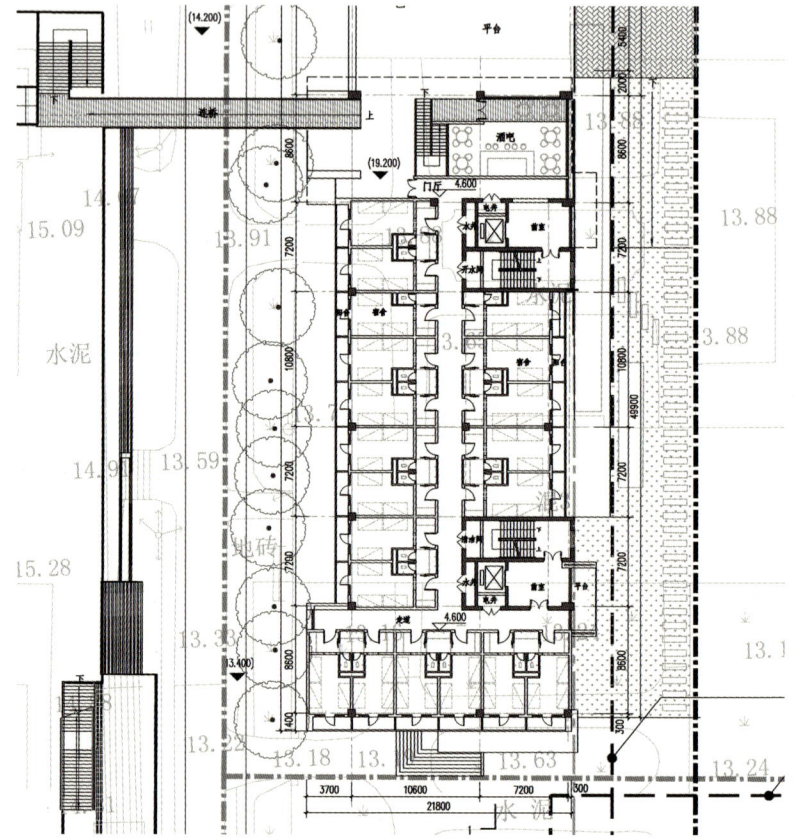

45号宿舍楼二层平面

虎踞北路沿街立面

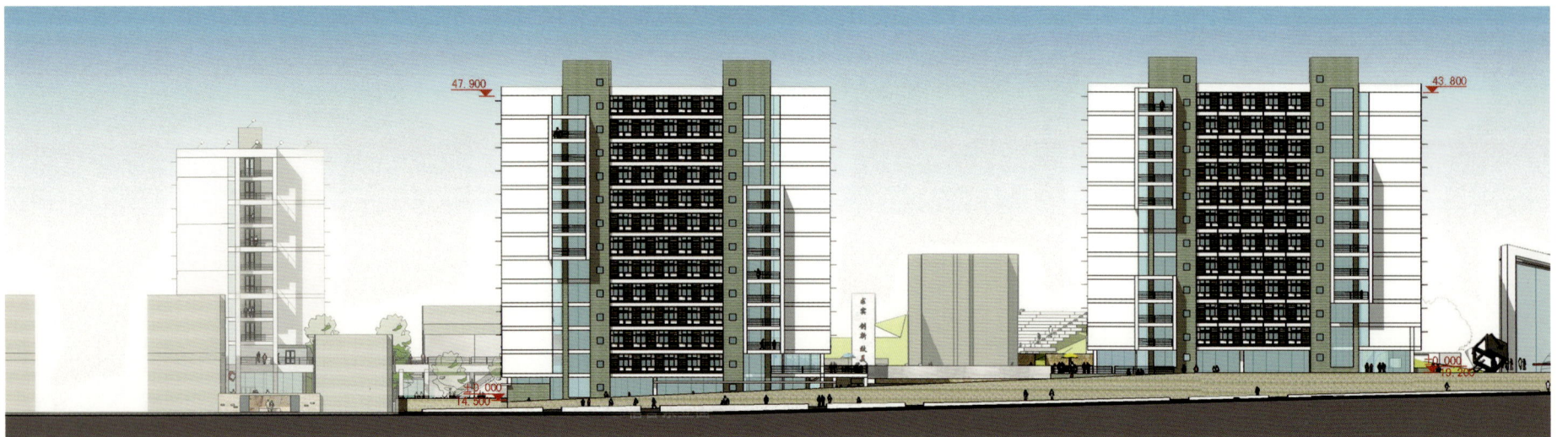

43号宿舍是新建宿舍楼中最大的一栋，包含200间学生宿舍，1136个床位。底层公共区面积784.53m²，宿舍区面积7430.53m²，标准层面积743.4m²。

三栋宿舍的建筑形体结合校区内的地形高差，分为上下两部分。底层作为宿舍的公共区，多做架空形成通廊，空间灵活通透。上部宿舍单元形体规整简洁，依据建筑形体自身的平面特点和朝向形成分明的棱角，面向城市街道和校园内部也有不同的立面和表情。立面利用阳台晾衣木百页的错动形成丰富有序的肌理；结合跳跃的平台和形体的错动产生生动的虚实对比，在校园内形

45号学生宿舍

步行街过街天桥

位于宿舍和图书馆之间的食堂区域，由于现状杂乱，且贴邻两处新建建筑的场地，因此需要进行一定的改造。为了在保留现有后勤辅助用房的基础上呈现整洁的空间，设计团队将食堂的屋面改造为一片开阔的屋顶广场，作为南艺校园空中交通的一处停留场所。

图书馆新馆

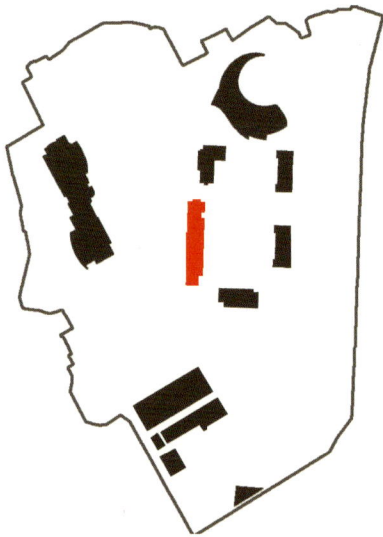

　　图书馆承载着一所学府的文化气息，是高校校园中不可或缺的一部分。图书馆新馆的建设用地位于南京工程学院的老图书馆旁边，原为一片山坡上的羽毛球场地；校方计划在老馆北侧新建建筑面积1万平方米，大约为老图书馆的两倍。场地上悬殊的高差、与原有老馆进行协调、并在有限空间内容纳更多功能的需求，都成为了设计的难点，但也孕育着在设计中创造亮点的机会。

总建筑面积：9989.5m²
行政办公及业务工作区：568m²　　管理服务区（阅览、书库）：6663m²
地下车库及后勤：976m²　　开架阅览座位数：1384座
其他空间：1782.5m²
建筑高度：21.6m
建筑层数：4层

设计构思

图书馆扩建工程（以下简称新馆）位于老图书馆北侧，处于学生食堂、学生宿舍与坡顶的人文学院之间的狭长地带，且位于校区中心山地的边缘，地势高差较大。新馆是老馆功能的拓展和延续，因此新馆建设和老馆的功能调整需要统筹进行。基本功能分区是新馆主要安排大型开敞式阅览室，而将办公等辅助功能和其他类型阅览室安置在老馆内。

新馆的位置处在规划的公共教育广场与生活广场之间，及学生由宿舍区到达教学区的必经之路上，因此将整个建筑底层架空两层，使学生可以由宽阔的生活广场（由厨房屋面改建）穿越建筑底层，经大台阶直达公共课教学区。

设计要点

1.用地狭窄地势复杂，新建馆舍只能"见缝插针"。

2.作为扩建项目，新馆以阅览室为主，要与老馆结合使用才能行使完整的图书馆功能。

3.新馆位与生活区与教学区之间，结合地势架空底层，保证了学生通行的顺畅。

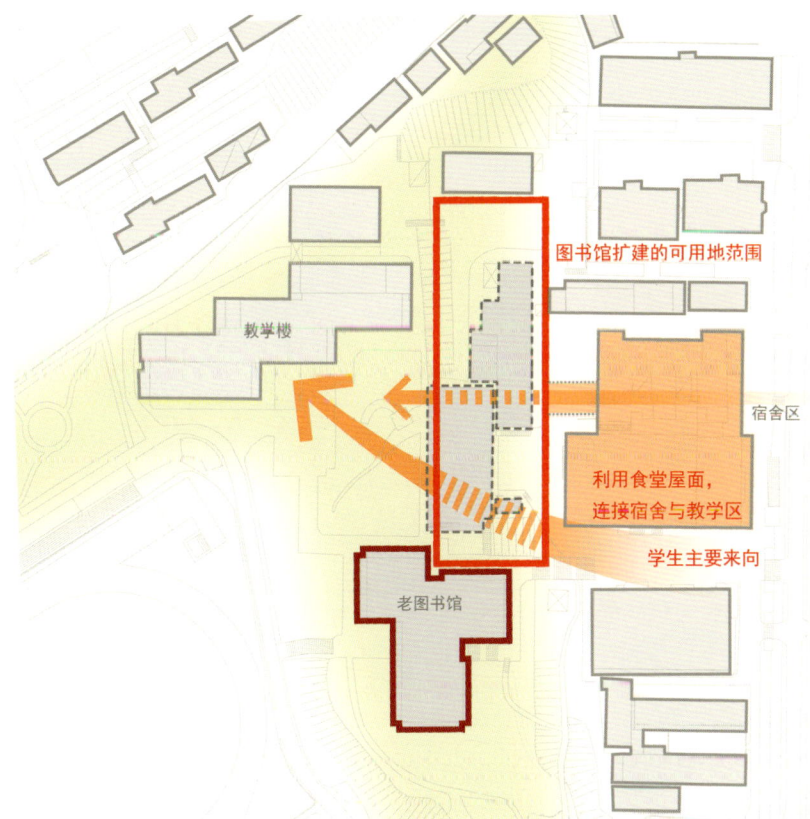

图书馆改扩建分析

连续的步行空间

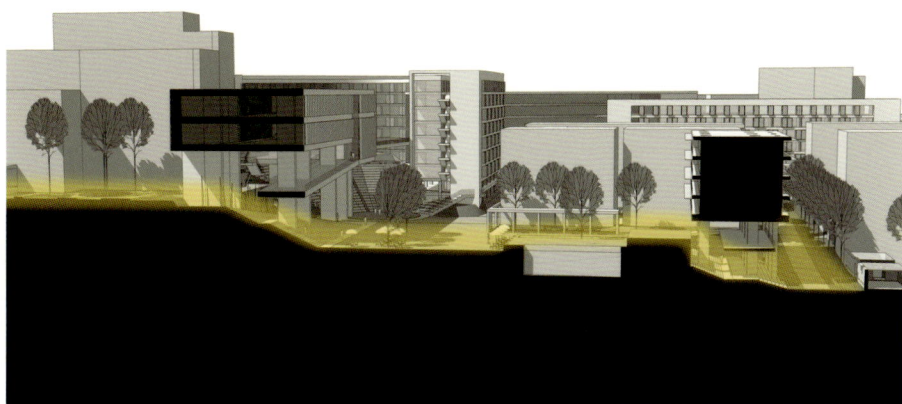

绿化连通

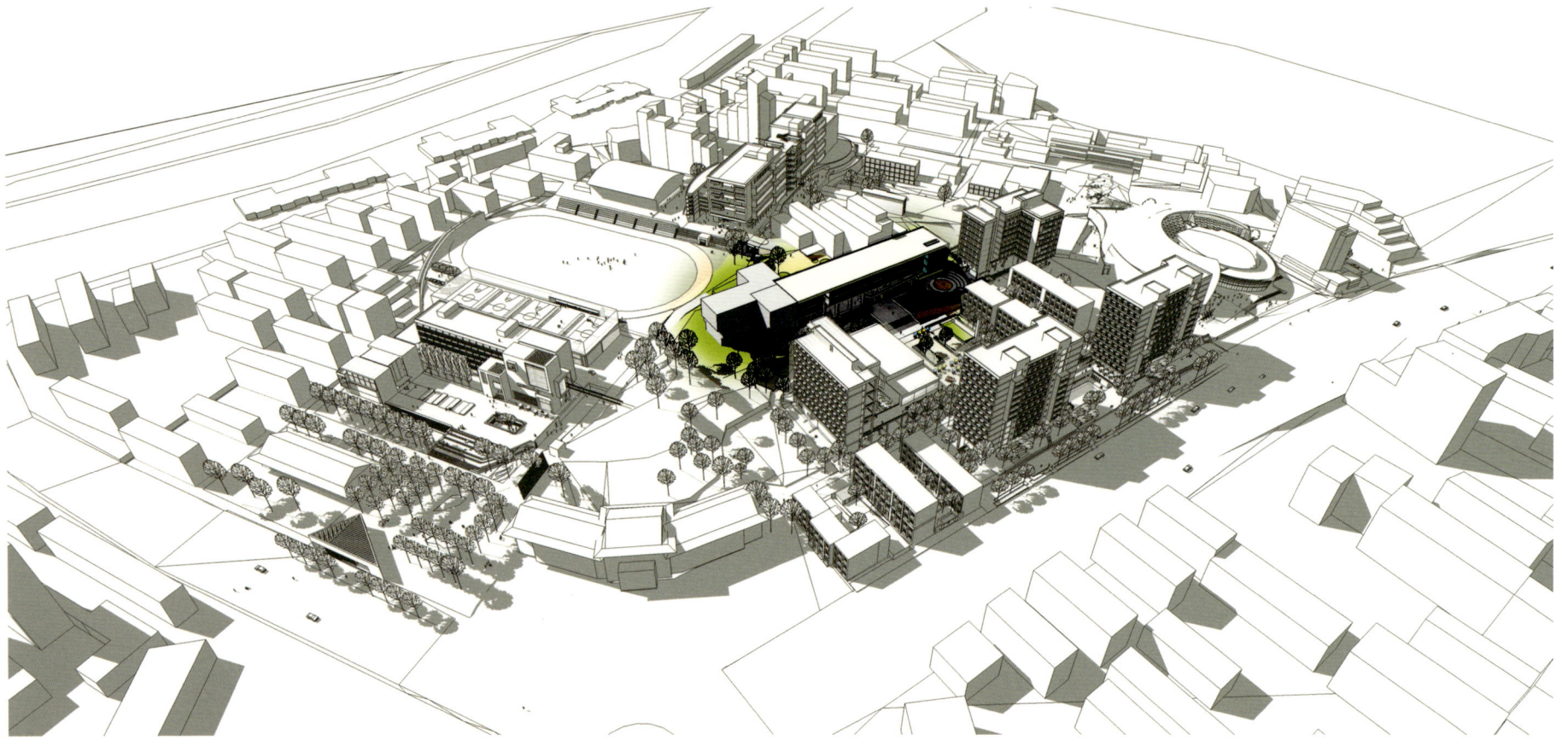

图书馆新馆与校园的关系

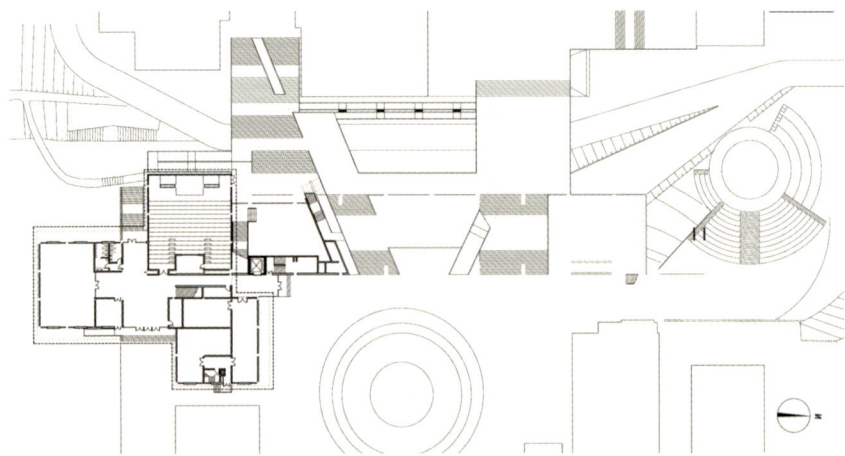

图书馆±0.00平面图

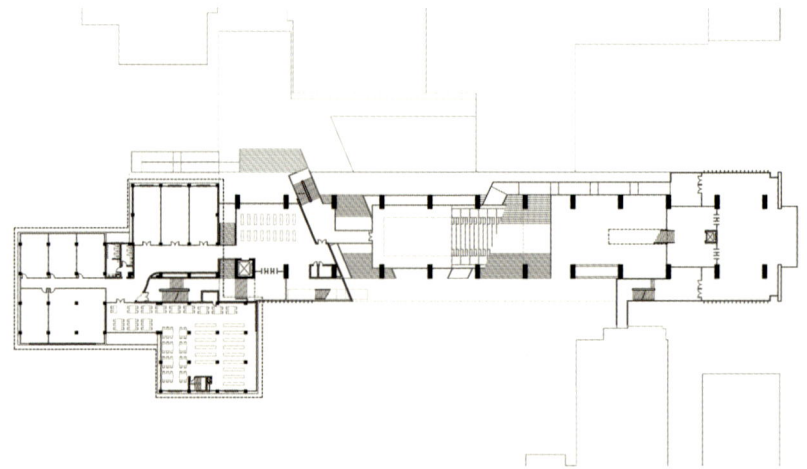

图书馆+4.20米平面图

建筑外观的基调是清水混凝土，素净清爽。竖向百页采用的是金属板外罩灰色饰面漆，虽然没能用上真的混凝土板，倒也整齐利落，而且重量轻易安装，也是不能忽略的优点。

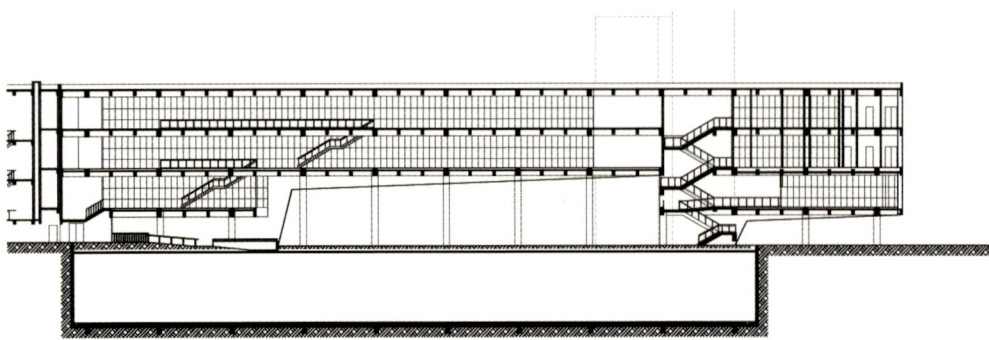

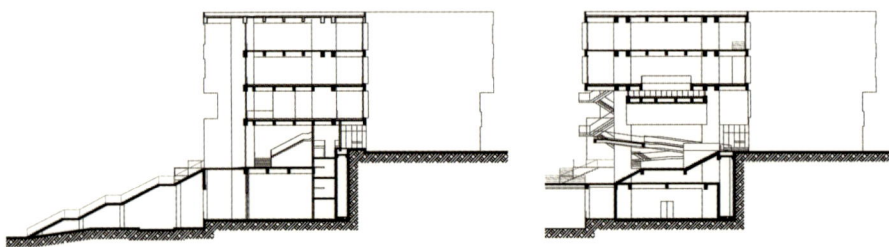

图书馆新馆剖面图

大跨度的柱廊和在西向的遮阳百页使建筑体显得

面对图书馆建设区域的地形高差，设计团队采取了底层架空、充分利用地下空间用作书库、辅助用房的做法，贯彻了"寸土寸金"的理念，既在校园的中心区形成了一块空间丰富、视野通透的区域，为图书馆赋予了沉稳中不乏灵动的性格，又通过地形的优化，形成了更为优美的整体环境。一块高差颇大的场地实现了极高的利用率和富有层次的视觉效果，是校园改造中一次漂亮的难题攻关。

图书馆内部空间

阅览室

摄影：贾方

结合图书馆底层架空设置室外露天剧场的想法应运而生。通过数轮对细节的研究、推敲，最终的剧场形体得以确定。室外圆形剧场的设置，为演艺专业的学生提供了一块不限时的表演场地。

思想文化的传播、交流是大学必不可少的功能，适当的空间营造可以促成更多自

图书馆旧楼旁的建筑小品与紫藤在改造中得到了保留

建设前　　　　　　　　　　　　　　　施工中　　　　　　　　　　　　　　　完工后

演艺教学大楼

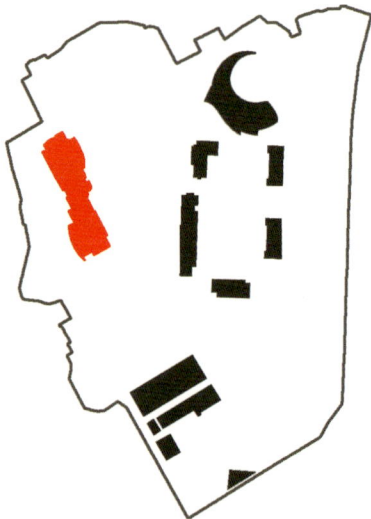

南艺的四个二级学院都有表演的需求。对于改造前的南艺来说，表演教学的场地一直非常局促，拓展表演空间的需求十分迫切。在与南京工程学院完成了场地置换之后，南艺原有的运动场成为了新建演艺教学大楼的场地。在设计任务书阶段，学校统计了各个学院的表演需求，而紧张的面积让建筑师在排布功能时十分为难。经过一番沟通和精简，最终的建筑面积稳定在4.36万平方米左右，而对建筑师功能排布、逻辑梳理等基本功的考验也开始了。

总建筑面积：43579.9m^2
琴房数量：小琴房329间，大琴房16间
建筑高度：50.5m
建筑层数：地上13层，地下1层

设计构思

演艺教学大楼的建设用地位于原附中教学楼群与原音乐学院琴房之间的南北狭长地带，本来是北校区的300米田径运动场。校区合并后体育场地统筹规划，才把这块唯一能够建设容纳四个学院的大型教学楼的场地解放出来。

设计要点

1.再次"见缝插针"，在周边原有建筑的"环视"之下，且在唯一的一块较大场地（原小运动场）上立足才能完成规模要求。

2.演艺楼还要承担连通南北校区和修补山地地势的重任，配合台地高差的设计完成车行、步行道路的衔接。

3.演艺楼复杂多样的功能、高度与空间要求，促使建筑平面与剖面必须统一整合设计。积木般的房间密实地榫接在一起，但内部流线清晰而通畅。

4.立面的节奏真实反映了内部功能的排列，同时简洁硬朗，具有雕塑的力量感。

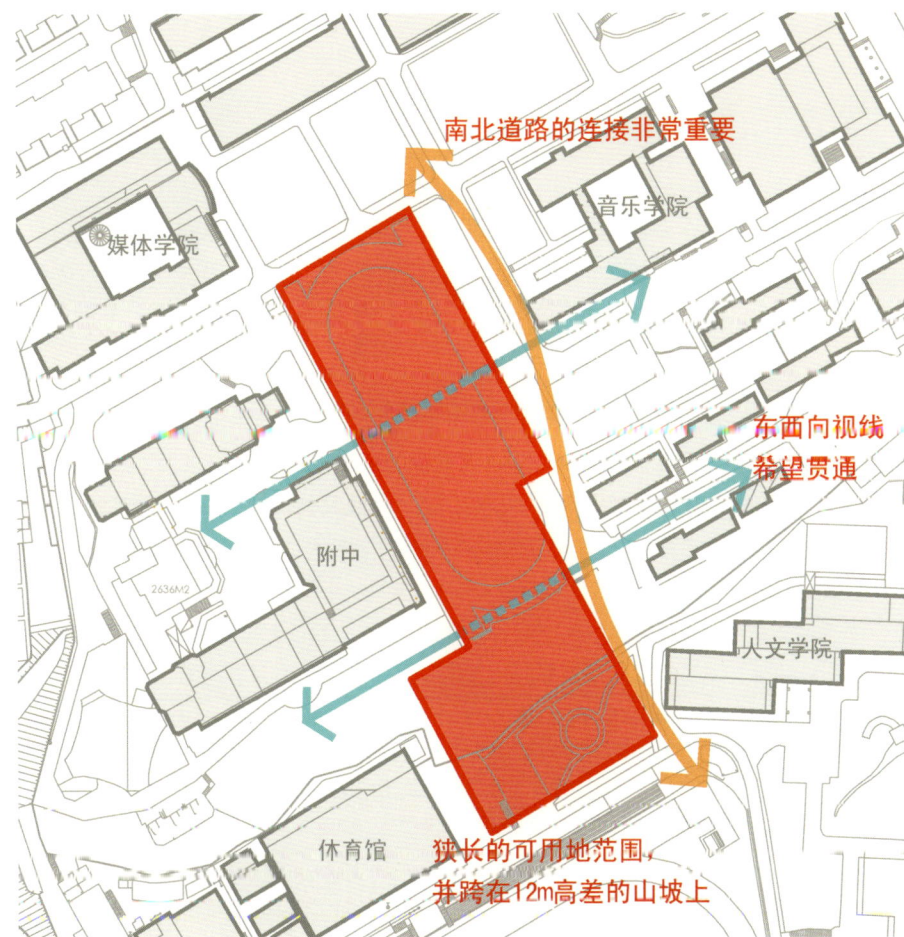

演艺教学大楼设计分析

"插足者"——总平面布局

演艺教学大楼效果图

在尽量满足任务书的功能和面积要求的前提下，演艺教学大楼的设计遵循校园改造规划的思路和原则，既希望限制地面之上的建筑体量，也希望与周边现有建筑在尺度上相协调，并保持适当距离以满足消防要求。深陷重围的"插足者"虽不可避免体量庞大，但形体的组合和立面的处理上还是有削弱体量、增加通透感的可能性。结合解决高差问题的主入口，在长逾百米的建筑中部开口，形成贯通各层的公共室外空间，较好地解决了巨型立面问题。

结合地势由南向北的坡降安排建筑主要功能的入口、地下车库出入口和人防疏散口，中部F2层的公共性集中入口与室外平台无障碍相接，建筑北端临演艺广场一侧（B1层）设剧场的专用入口。更重要的是结合高差设置连续性的平台广场，使建筑与周边环境的结合更为紧密，使用更为方便，又加强了南北校区的联系，也为学生提供了大量有良好景观的交流休闲空间。

为最大限度地挖掘基地潜力，在规划控制条件下对原概念方案布局做少量调整：南半段向西挪0.5米，以保证与人文学院墙角拉开足够距离；北半段向东侧山坡绿地移动2.5米，保证了与西侧传媒学院（原附中）有足够的消防间距。

"数字游戏"——功能分析

由于设计任务要求高、复杂房间种类繁多，动手之前对任务书的分析归纳和整理必不可少。任务书要求设置供四个学院使用的排练厅、演奏厅、观演厅和琴房等不同高度、面积、尺寸要求的房间，同时建筑的高度、宽度及与周边现状建筑的距离受到严格限制。因此平面和剖面的设计要点就是要在有限的建筑体量内"塞满"数量和种类都很繁多的房间。

"七巧板"——平面设计

因地面以上建筑总长度超过120米，而宽度却限制在25米之内，为争取更多的大空间，将标准层的两组辅助空间核（竖向交通、公共卫生间和空调机房）控制在东侧短跨内并集中收缩在主楼的角部；同时相对于地下层的平面位置适中，便于交通组织，在地面层又靠近外墙，便于人员疏散。

建筑平面采用了长短跨搭配的柱网，标准层以6米、11.2米和8.4米三联柱跨适应不同的尺寸要求，然后经过两个方向的排列拼接，使从10平方米到400平方米的大多数演练空间都能够获得开敞的无柱空间。

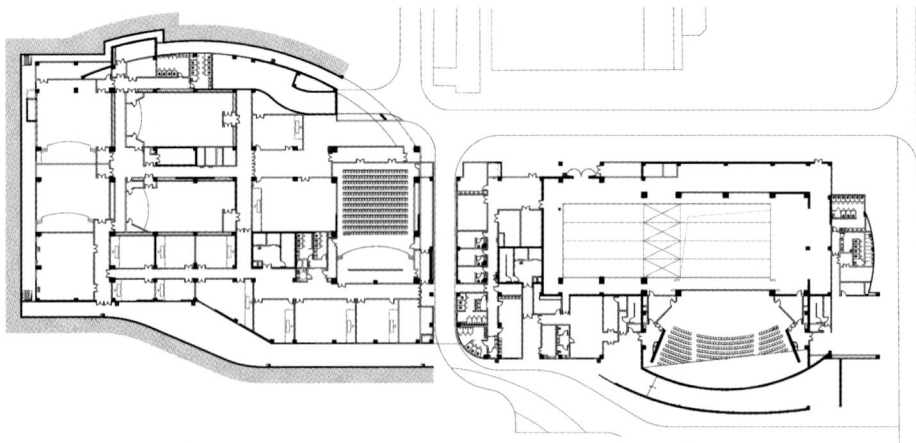

建筑中部南北两区的连接部分跨度19.2米，竖向占有4个7.8米的高空间，用来容纳600平方米小剧场，同时为入口层（21.9米）提供了宽敞的东西向开敞的门廊，成为建筑整体交通组织的枢纽。

另外根据用地情况，在南北两端建筑外侧分别加挂一部楼梯，与居中的交通核共同串起了环形走廊，经济地满足了疏散长度的要求。走廊的设计采用了内廊和外廊结合的方式。西侧基本为平直的内廊，使数量巨大的单人琴房均可得到外窗；根据用地条件，东侧北端可以外挑，增加部分房间，南段采用外廊，可以观景和得到自然通风。

"面包切片"——剖面设计

为了最大限度将高度用足，剖面设计也采用了不同层高的拼接组合，在错综复杂的结构梁柱体系内，提供了2.6米、3.9米、4.2米、7.8（3.9x2）米和8.4（4.2x2）米五种层高，分别应对不同房间的净高要求。考虑到结构设计的简明和施工便利，不同层高简化归纳成倍数关系，既保证结构体系的内在秩序性，也有利于各层建筑平面的顺畅衔接。

从横剖面看，整个建筑像是一组厚薄不一的"面包切片"。

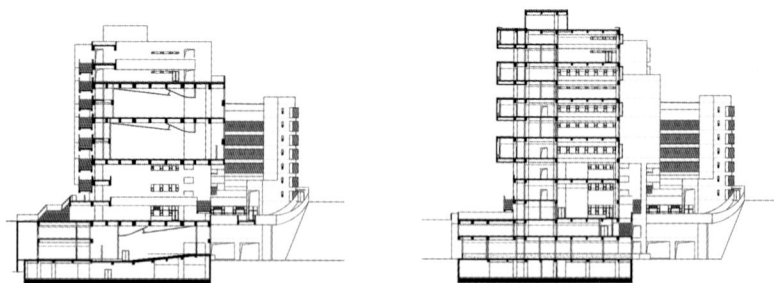

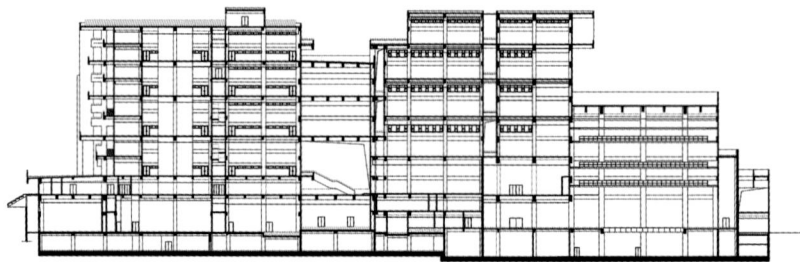

演艺教学大楼首层平面图

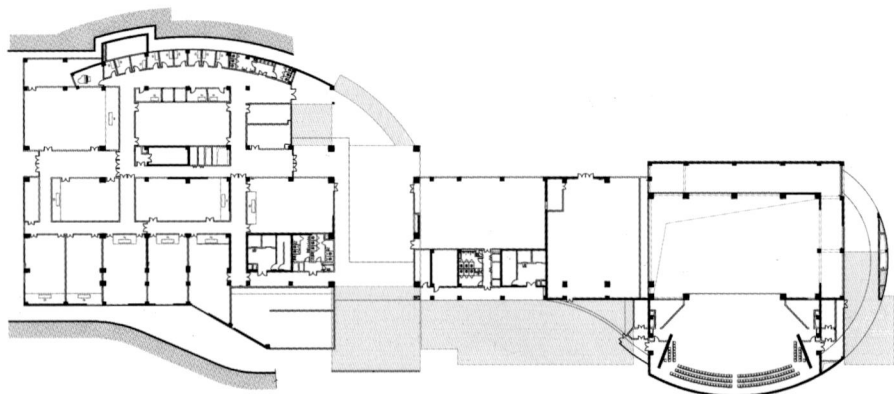

演艺教学大楼三层平面图

演艺教学大楼剖面图

演艺教学大楼剧场外景

演艺教学大楼建成后，大家都说它像一艘航空母舰，成功地包含了各种教学功能，而且外形和周边环境结合得十分协调。300多间琴房虽然比最初策划的数量要少，但建筑师在有限的面积内妥善安排了它们，已经实属不易。琴房目前的使用率也非常高。内部剧场的可升降舞台面积较大，配了LED屏，楼座具有一种古典气息，是校方非常满意的一处场所。

新建的剧场、排练室、练功房、琴房为表演与练习提供了大量空间，舞蹈练功房的数量已经达到国内数一数二的水平。演艺大楼的建成大幅提升了表演教学的硬件水平，解决了南艺教学上一个迫在眉睫的问题。

——崔雄

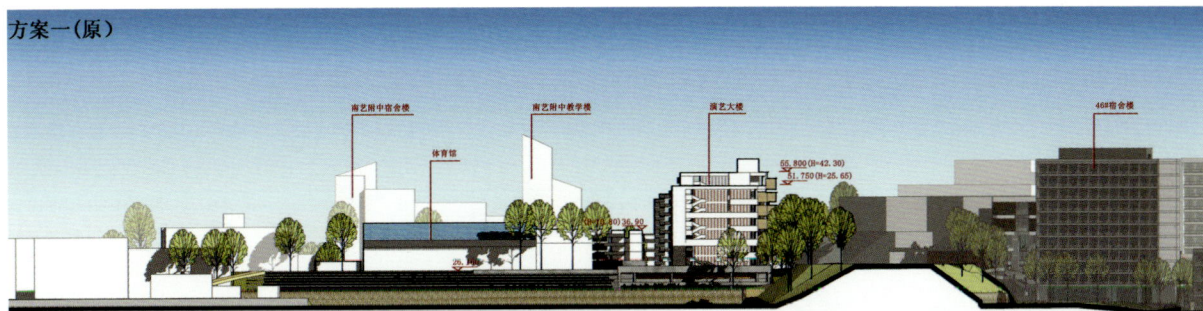

方案一（原）

方案二（新）

方案一（原）

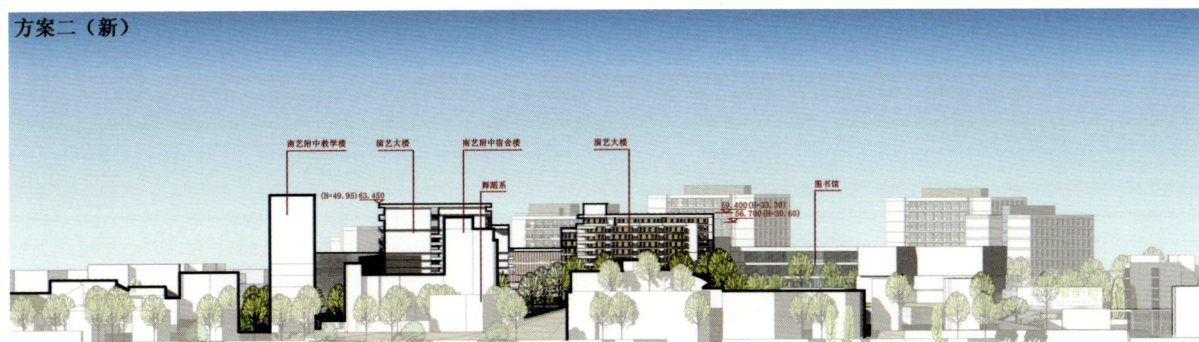

方案二（新）

演艺教学大楼规模增加后天际线方案推敲

建筑造型及环境设计

1.建筑形体

首先，整体形态反映了对环境的应对策略，与周边密集的现状建筑在尺度和空间上寻找关系。为了避免南北较长的建筑形成东西向景观视野的拦阻，将建筑体量中部切开和削减，在入口门廊形成山地景观的视线穿越。其次，建筑的形态力图与自然地势相应和。上部建筑的体型较为简洁并突出力量感，而建筑下部随山就势，在12米的高差范围内分成数级，与周边环境坡势相平，既有利于建筑内部人流的组织集散，也为南北校区的步行系统的连通提供了机会。

演艺教学大楼立面图

2.立面与材料

    作为本方案的特点之一，建筑立面是对内部空间的真实反映。建筑内部空间在高度和长度上的多样性，在建筑外立面上得以直接提示。外廊则采用成排通透的百页阵列，东西两面的琴房由于面宽的差别，立面开窗的位置和封装空调室外机的格栅各不相同，具有节奏感。建筑立面上窗、格栅、开敞平台与半敞开的遮雨外廊等根据功能而设置的建筑元素形成了既有规律又充满变化的组合，具有自然的装饰效果。

演艺教学大楼外观

演艺教学大楼的难点之一，在于找不到很现成的规范，比如练功房的空间高度，各学院排练厅、演奏厅声学指标的取值等等。于是我们前往其他院校进行了考察，结合学校多年的建设经验，最终决定取2.7米为高度模数，不同需求的空间高度取它的1~3倍，如琴房是2.7米，观片室是5.4米。这种布局方式形成了很多观景平台，加强了建筑的造型层次感，但也带来相应的排水问题，并且在保温上增加了不少成本。

练功房的地面采用双层龙骨地板，中间设垫片，既模仿了舞台的感觉，又能防止学生在练习的过程中受伤。

——丁怡

演艺教学大楼的专业性对舞台设计提出了很高的要求。设计方和校方也咨询了舞美协会和很多相关专家，在过程中积累了很多灯光、音响等舞台设计方面的知识。在设计中，面光的位置、角度都做了很多调整，几道幕布的重量也经历了层层把关才确定下来。

由于受到用地和规模的严苛限制，演艺楼内附带的剧场观众厅仅能提供两层524个座位（含2个残疾人座位），乐池区有84个座位，但却竭力设置了含有单侧标准侧台的舞台，舞台台口尺寸同中国国家大剧院。

从外观看，舞台塔掩藏不住的巨大体量也为整个演艺楼增添了一笔极有雕塑感的重墨。

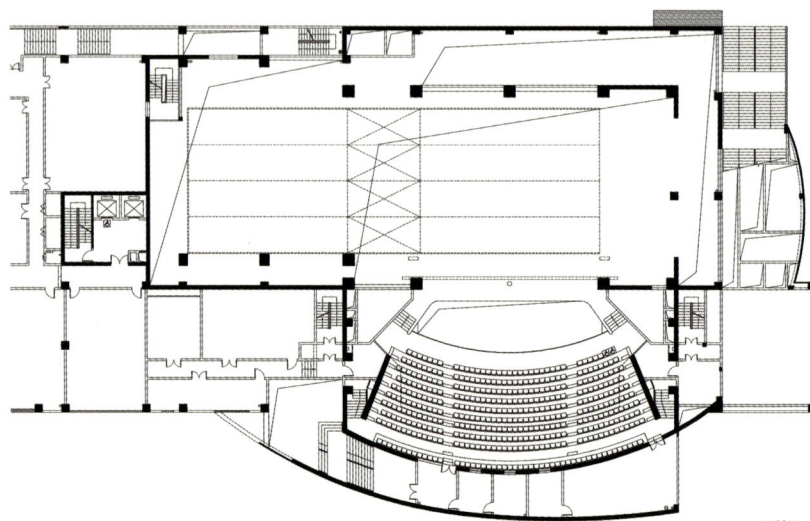

剧场二层平面

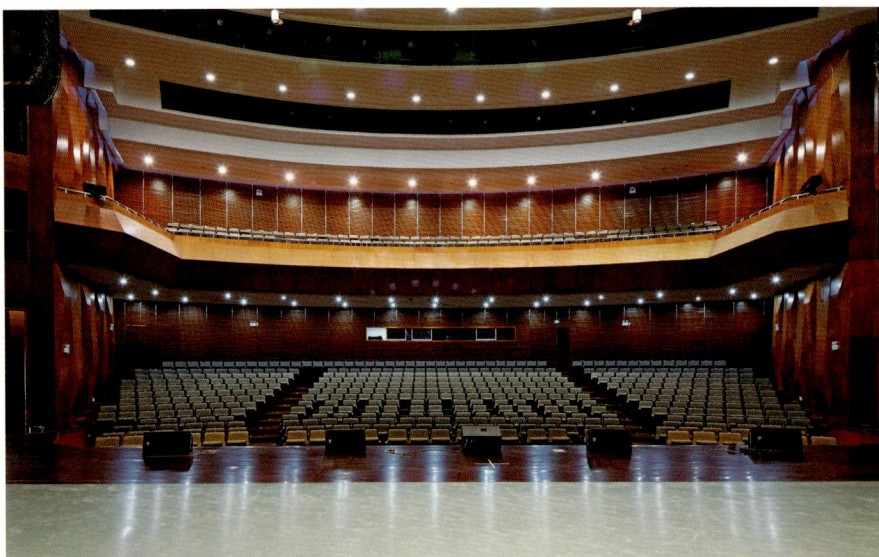

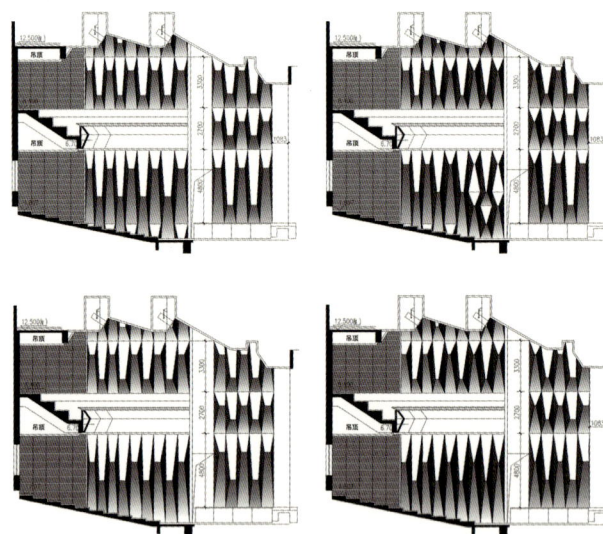

室内墙面宽度与斜度渐变

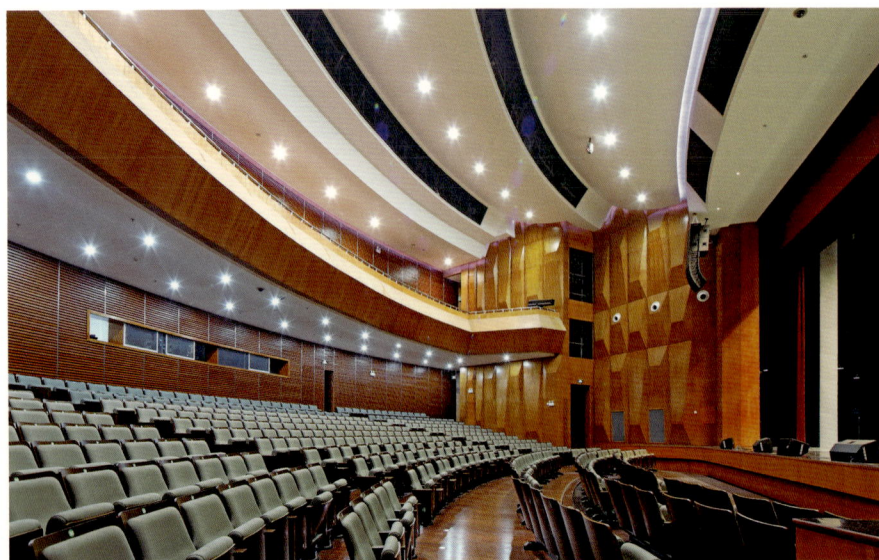

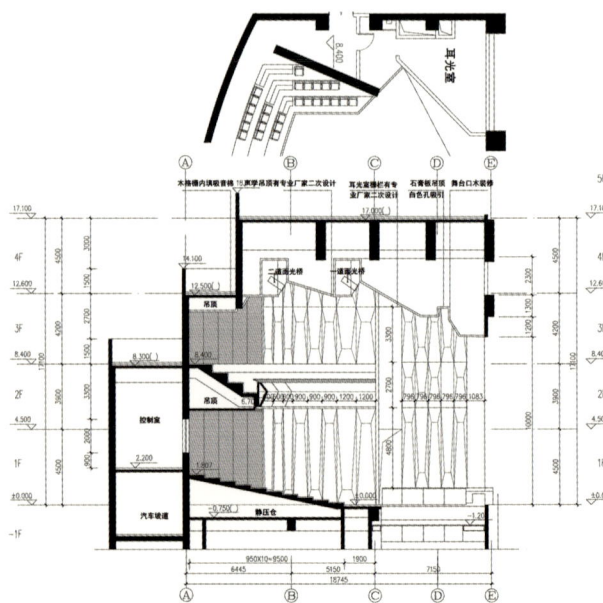

实验剧场内景

演艺教学大楼实验剧场外观

美术馆

历史积淀深厚、名人名家辈出的南艺，需要一个对外展示的窗口。面对新建一座博物馆还是美术馆的选择，校方经过了认真讨论，认为以美术为传统学科的南艺更需要一座高水准的美术馆。美术馆的建设是完善南艺校园综合功能的重要举措，不但可以促进学校的美术教育和实践活动，为南艺艺术家和学生提供经典的和现当代艺术作品的展示场；同时会以各种方式面向城市开放，同久负盛名的音乐厅一起，为城市和公众提供高品质的和人性化的艺术活动场所。这将是南艺校园艺术主题向城市生活的延伸，充分体现出艺术活动场所的公益性。南艺音乐厅是江苏省唯一的正规音乐厅，也是国内艺术界屈指可数的高质量音乐厅，出色的声学效果获得了中外音乐家的高度赞誉。在美术馆建设完成之后，这样高品位的音乐、美术艺术空间组合将成为国内绝无仅有的典范，也将是南艺人足以自豪的标志性艺术建筑。

总建筑面积：14488m² 建筑高度：22.2m 建筑层数：地上3层，地下1层

设计构思

　　美术馆的方案经过了层层推敲。设计团队做了多个方案供校方参考。起初的设想中，位于音乐厅旁边的美术馆与音乐厅体量相当，二者呈现出的关系较为模糊，影响力似乎都略显薄弱。于是，在双方的共同探讨下，双方在美术馆与音乐厅结合的想法上产生了共鸣——这一做法不仅能够节约用地、呈现出适度的个性，更能与已有一定影响力的音乐厅一起，整合成一座艺术中心，形成南艺自己的地标性建筑。我们柔化美术馆的形体，以向心的弧形体量与椭圆形音乐厅扣合在一起，使两个建筑浑然成为一体。同时，建筑布局关注与周边环境的呼应，把美术馆部分功能空间埋入地下，面向城市街道，形成一个由美术馆、音乐厅和南侧的宿舍塔楼共同围合的艺术广场，为城市提供了具有凝聚力的公共开放空间。

　　为了包裹平面外围呈弧形的音乐厅，美术馆的造型在多个方向上都为曲面，设计团队迎难而上，以CATIA等软件为辅助手段，模拟出了美观而流畅的美术馆造型。

设计要点

　　1.局促狭窄是南艺项目的标准用地特征，又加了处在两个校区的边界位置，故美术馆的布局策略是：内侧环抱音乐厅，外侧以流体状边界应对周边朝向各异的现存建筑。

　　2.不论从位置还是功能看，美术馆都是学校与城市对话的窗口。故建筑功能的安排与流线设置均考虑到这一点，面向城市街道和面向校内方向均设有主入口。

　　3.美术馆的展示空间既考虑到内部流线的组织，也考虑了特殊结构的呈现。所以连续上升的无柱空间与门厅、顶层展厅暴露屋面结构的处理，使建筑显示出一种有张力的整体性。

　　4.美术馆特别的造型成就了水到渠成的标志性，不仅是校内景观的活泼元素，甚至将其地标性延伸到相当距离的城市视野。

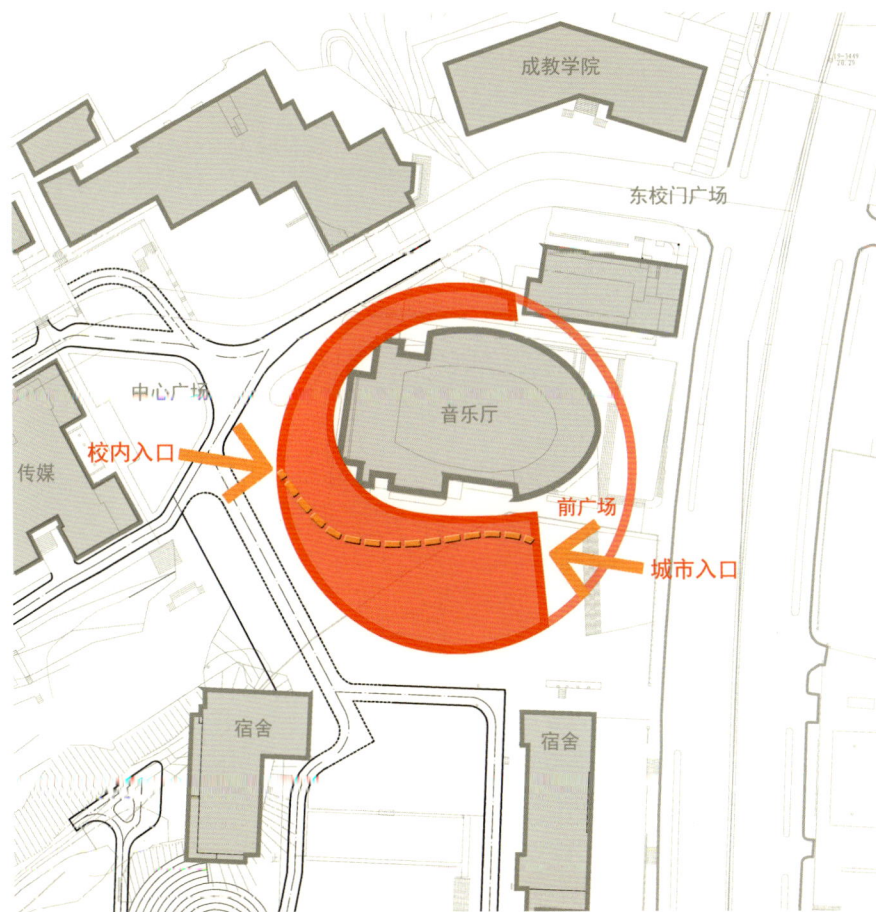

美术馆设计分析

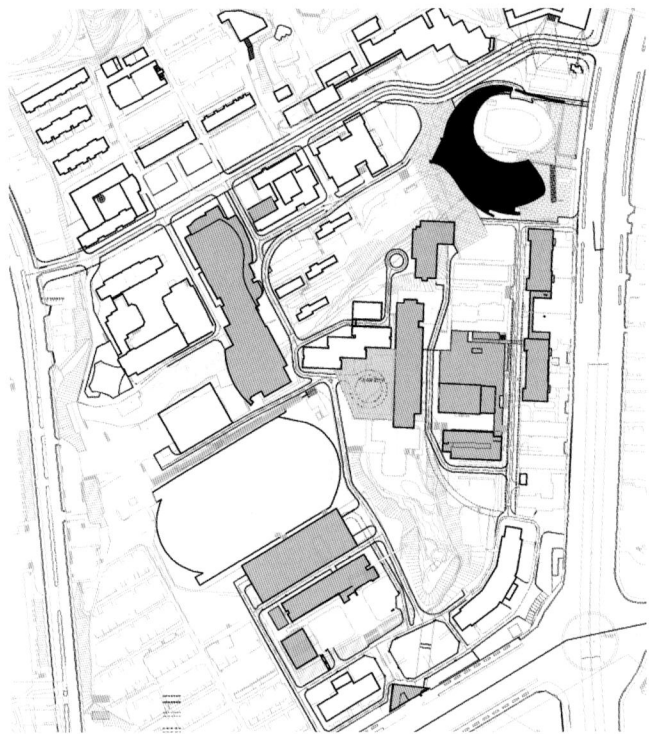

美术馆在总平面中的位置

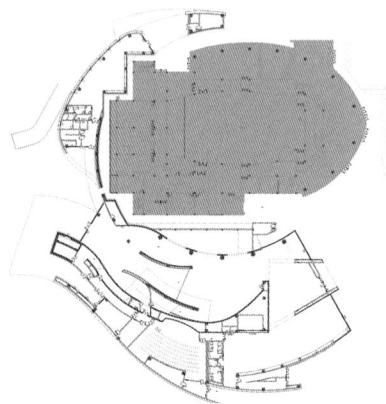

美术馆首层平面图

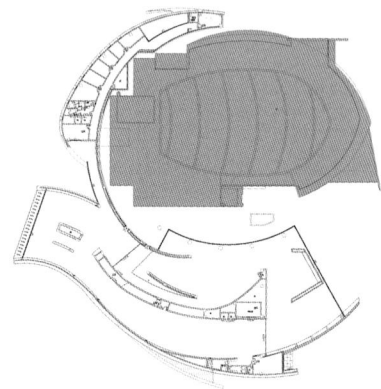

美术馆二层平面图

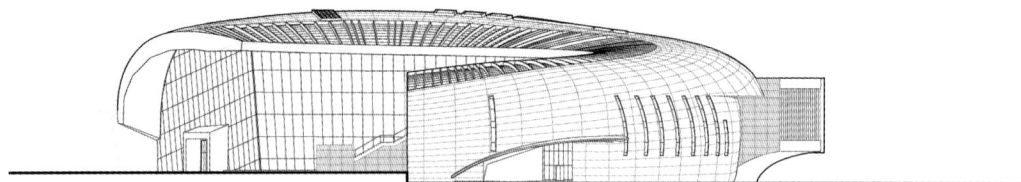

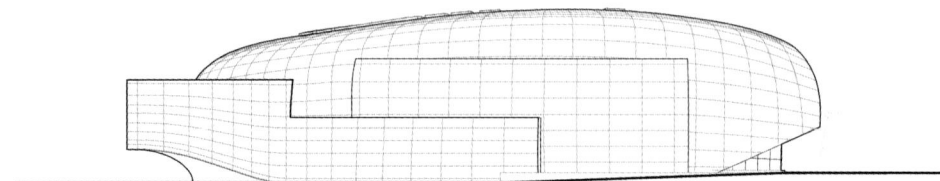

美术馆立面图

新建美术馆地上三层、地下一层，主要功能包括展览、报告厅、库房和机房等辅助性空间。建筑主入口面向东侧的艺术广场，表现出面向城市开放的公共性。西侧面向校园内部设置次入口，便于校内人流的进入。首层北侧设办公入口。

美术馆首层、二层及三层为主要的展览空间。展览空间通过坡道连接，观展流线续续上升，步移景易。东西两侧入口均设有电梯，其中东侧社会入口设置客梯，西侧校园入口设置货梯。

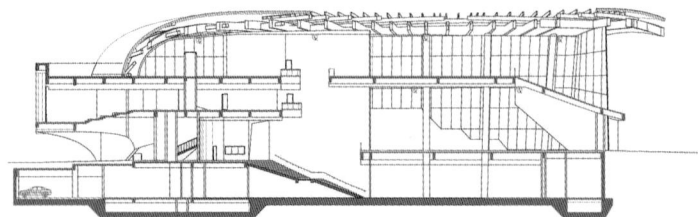

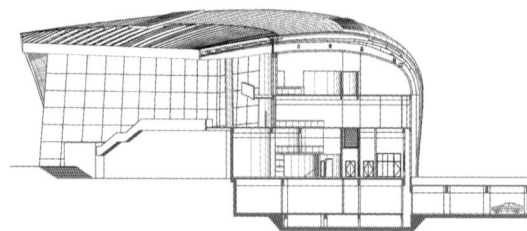

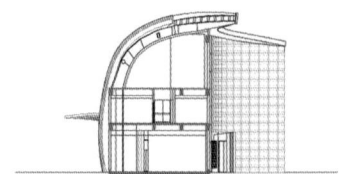

美术馆剖面图

美术馆音乐厅东立面 （摄影：陈瑶）

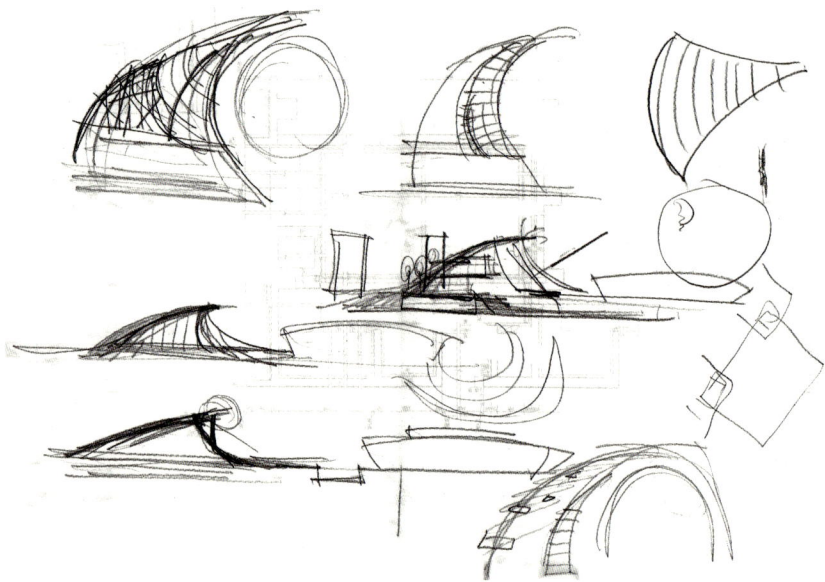

草图

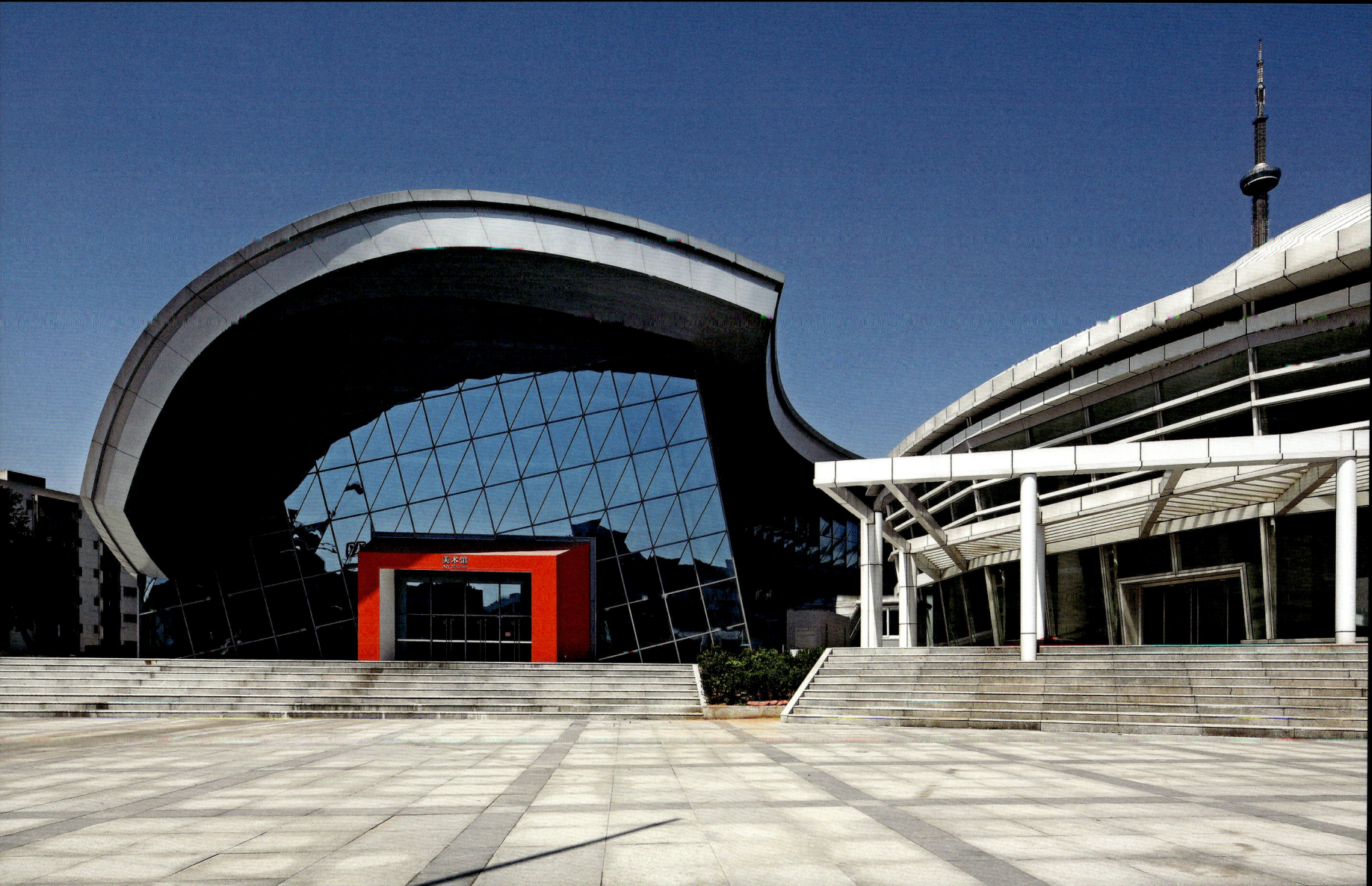

美术馆外部造型采用了向心的弧线体形，对音乐厅形成半围合之势。整合设计使建筑在形体上更为完整、流畅，富于视觉冲击力，从而能够有效地强化公众认知，树立建筑的地标特质。

建筑造型注重与校园空间的呼应。从校园街道或广场望去，浑然朴拙的形体都会给师生留下深刻的印象，成为精彩的底景，充分表现出美术馆强烈的艺术

美术馆 Art Museum

曲线的运用是本设计的一大特色，看似自由的曲线形体，其实来源于周围的环境的影响，是综合了这一基地位置上诸多外在因素而最终推演的结果——这些因素包括可建设用地的狭窄、新老建筑之间的贴建关系、处理特殊地段特殊流线等。

原音乐厅主入口朝向城市，成为了学校与城市之间交流的窗口。这一部分模糊了学校和城市之间的边界，为学校与外界的交流提供了许多的可能。而新加入的南艺美术馆部分在设计之初就是从这一特殊地带的流线关系入手的，其曲线的外部形态在此处如太极般地使得校园内部自身流线以及城市与校园之间的流线互不矛盾地相互交汇融合。

巨大的红色盒子提示着美术馆东侧的入口，朝向城市，为城市增加了一抹鲜亮的色彩，吸引着城市的目光；面向学校的一侧，巨大的金属表皮下透出柔软通透的内部空间，并且以一出一进的两条主要曲线成功地使内部的展览空间连接了城市与校园。美术馆内部也巧妙地利用了曲线的建筑形态，以灵动的坡道体系形成了流动的室内空间，连接了各层的展览空间，使各展厅间互相呼应、层次丰富、步移景易、耐人寻味。

曲线的形体以及内部空间给结构的设计带来了一定的困难，而复杂的外部环境和场地条件使得本已极具挑战的曲线形态更加难以进行几何归纳。在配合之初，结构工程师半开玩笑地说，由于很难进行几何归纳，结构的设计难度都不亚于国家体育场鸟巢。

在进行方案深入的时候，我们的建筑设计团队除了在电脑上建立虚拟模型，还进行了实物模型的推敲。由于整个建筑是曲线的形体，在做实体模型的时候也想了不少办法，最终切片式的实体模型制作方法给予了结构工程师一定程度上的启发，使得整个建筑外壳的结构由最开始的网络状布置，变成了最终的放射状大型曲钢梁的布置方法。

由于建筑的形体在平面和空间上都是由曲线和曲面构成，建筑设计与结构设计的配合中充分利用了电脑虚拟3D模型优势，实现了建筑与结构两个专业之间3D模型的无缝对接，省去了将原本的3D模型转换成平面图纸，再由平面图纸在各专业之间交流的

环节，避免了大量的信息损失，从而保证了结构体系的美观、完整，使得结构的美感最终具有呈现出来的可能性。最终实施的室内方案暴露出了部分的结构体，表现了建筑力与美，形成了独具特色的南艺美术馆室内展陈空间，为各种艺术展览提供了更多的可能，给来此布展的艺术家们提供了更多的想象空间。可以预想到通过南艺师生的努力，以及前来参展的艺术家们的创意，定会产生出更多与建筑特色空间紧密结合的高水准艺术展览，使南艺美术馆最终成为一座独一无二的展览空间。

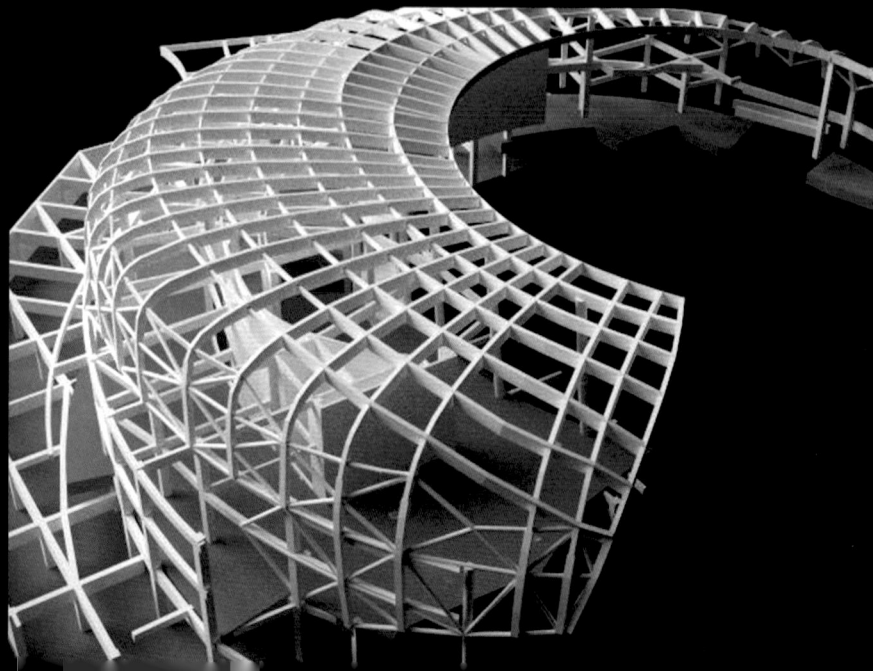

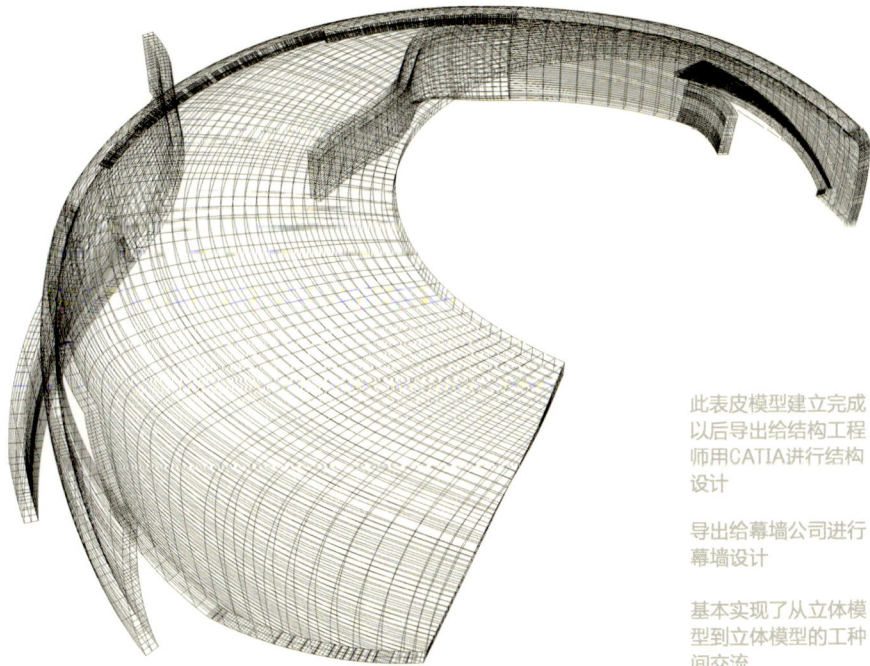

此表皮模型建立完成以后导出给结构工程师用CATIA进行结构设计

导出给幕墙公司进行幕墙设计

基本实现了从立体模型到立体模型的工种间交流

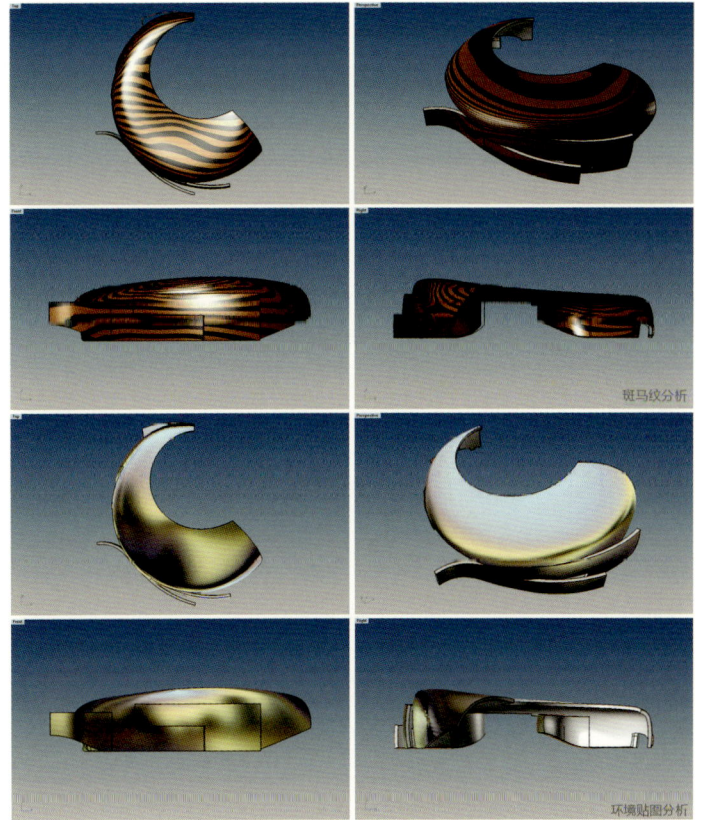

外壳计算机UV线研究：

合理的UV线能使曲面更加优化并且给结构设计和幕墙设计提供依据

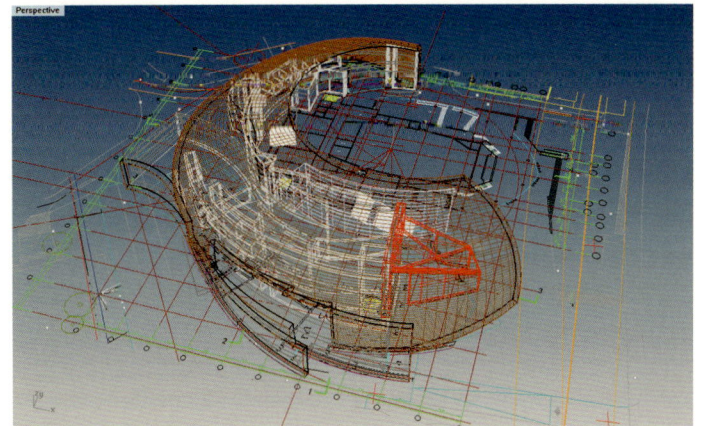

斑马纹分析

环境贴图分析

使用计算机立体模型推敲曲面

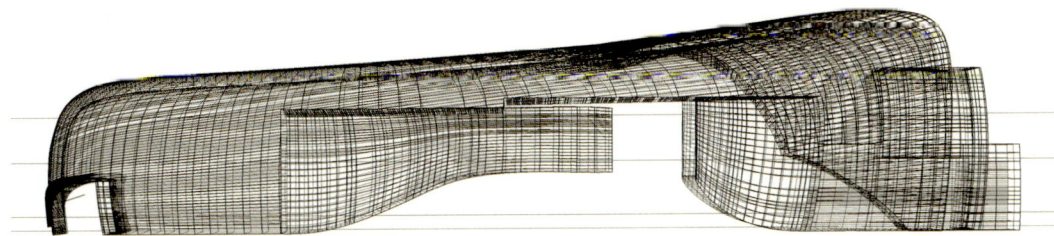

使用Rhinoceros建立计算机立体模型

计算机建模过程图

空间再造——
南京艺术学院美术馆室内设计

詹和平 *

南京艺术学院美术馆，由中国建筑设计研究院崔愷总建筑师主持设计。新设计的美术馆，以其独特的建筑形态，与音乐厅巧妙地融合在一起，成为校园环境中的一个突出焦点，也成为城市环境中的一个崭新地标。美术馆建筑设计完成后，受学校委派，由我们设计学院负者承担美术馆的室内设计。记得刚接受任务时，我们深感压力，因为在崔愷大师的作品中做深化设计，并非易事。所以，我们谨慎地制定了设计策略，着重从内部空间的二次再创造入手，通过空间认知、分析、设计三个环节，来展开室内设计。

建有台阶的二层展厅

空间认知

美术馆基址，位于整个校区东部，紧邻音乐厅，总建筑面积12715平方米，展区面积5380平方米，地上三层，地下一层，主要功能包括展览、研究、修复、报告厅、咖啡厅和办公室等辅助用房。由于受到场地条件的限制和周边环境的制约，美术馆以一个向心弧形的形体与中央椭圆形音乐厅紧紧地扣合在一起，形成"你中有我、我中有你"的共生关系。建筑主入口面向东侧的艺术广场和城市干道，次入口面向西侧的校园内部广场，这种开放性的主、次入口设置，既有利于城市公众观展，也便于校内师生使用。此外，建筑北侧还设有专门办公入口，可以通向相对独立的办公区。

根植于环境并与环境共生的建筑设计，在创造出独特的建筑外观的同时，也造就出特殊的内部空间。整个内部空间主要由三大区域组成，北侧地上三层为办公区及展览区，西侧和南侧地上三层为展览区，西侧和南侧地下一层为研究区及展览区。展览区分布于各个楼层，在地上、地下各层都有设置，每个展区的空间形态各异，既有空间大小的变化，也有空间形状的变化，还有空间封闭与开敞的区别，完全打破楼层之间的界限，彼此不做任何形式的分隔，只以坡道、台阶、楼梯、电梯组织起来，统合在完整的弧形空间中，形成一个非常有机的展览空间。内部空间的"有机性"，构成了美术馆既有空间的主要特点，而这是室内设计中需要保持、维护和深化的。

空间分析

在美术馆空间认知的基础上，我们对既有空间作了分析。根据各楼层实际情况，把展览区域分为不同展厅，一层设1号展厅、2号展厅，二层设3号展厅、4号展厅、5

号展厅和一个名人馆，三层设6号展厅、7号展厅，地下一层设8号展厅。展厅的具体划分，有利于对其空间进行深入分析。一是展厅空间的形体：经过细分后的9个展厅，都是不规则的几何形体，而且每个展厅的形体都不尽相同。二是展厅空间的流线：观者从主入口进入，由门厅分出主、次流线，主流线可以直接进入1号展厅，再由该展厅经坡道到达3、4、5号展厅，经大台阶到达8号展厅；次流线则可以直接进入2号展厅，再由该展厅经楼梯到达3、4、5、6、7号展厅。三是展厅空间的光线：美术馆毗邻音乐厅一侧，设有大面积的弧形玻璃幕墙，在为展厅提供充足自然采光的同时，也给展厅中的展陈作品带来一些不利影响。

通过以上空间分析，我们达成如下几点共识：其一，展厅空间形体非常丰富，后期室内设计中应确保既有空间的基本形体，仅从展览功能的需要出发，对一些展厅做适当调整、补充和完善。比如在门厅与1号展厅之间的过渡空间设置服务台和休息区；3、6号展厅均属于狭长形空间，可以通过设置活动展墙来满足展览需要和改变空间面貌。其二，展厅空间流线十分复杂，后期室内设计中应保证既有空间的流线贯通，并把交通空间作为组织展厅空间的纽带，甚至让交通空间参与到展厅空间中去，作为一种特殊的展览空间。其三，展厅空间光线分布不均匀，美术馆主要采用北向采光的方式，避免了阳光直射和光线投射的不稳定，但阴晴天气下光感的不稳定，透过玻璃幕墙仍然会给展陈作品带来一定影响。因此后期室内设计中应采取适当的遮蔽手段，将不利于展览的因素隔绝在外，并辅以人工照明，创造一个光线均质、恒定的光环境。

空间设计

基于美术馆空间认知与分析，我们确立了室内设计的总原则，即顺着既有空间进行二次再创造。而这种空间再造，因美术馆空间区域的不同而有不同的设计方式。

第一类是开敞式展厅空间设计。这类展厅空间包括1号至8号展厅，它们相对独立存在，但又是整个展览空间的有机组成部分，彼此之间相互开敞、渗透和交错，并没有形成明确的边界。因此空间设计中以界面处理为重点，以灰色的自流平地面、白色的乳胶漆墙面、白色的亚麻布活动展墙、黑色的花岗岩墙面、白色的乳胶漆顶棚、灰色的软膜吊顶、灰色的钢网屋架等，共同构筑一处格调高雅的展览空间。朴素的材料选用，隐匿的材质表达，凸显出空间本体的纯粹性，空间结构的清晰性，同时也为艺术作品提供了良好的展陈背景。为进一步凸显空间本体的纯净性，在细节处理上，尽可能采用"建筑式"语言，摒弃各种"装修式"做法。比如室内吊顶几乎不用各种繁复、花哨的艺术吊顶，而以平整的石膏板吊顶或双曲面的钢网架直接暴露在外；墙面与地面、顶棚的衔接，拒绝使用踢脚板、线角收口，让两种不同界面、材质直接对接。

第二类是封闭式展厅空间设计。美术馆中除开敞的展厅空间以外，还有一处封闭的展厅空间，即名人馆。这是一处完全独立的空间，设有专门的出入口、卫生间和库房，由于展厅功能比较明确，主要用于珍藏我校著名画家创作的作品，具有永久性展陈的性质，这就需要进行专项空间设计。为了充分利用弧形狭长的空间，采用两侧展示、中间观展的布局形式，在双曲面墙壁一侧，通过对水平、垂直尺寸的精确推敲，设置壁龛式展柜和贮藏。与之相对的垂直墙壁一侧，由于尺寸上的限制不再设置展柜，仅以展墙对待，中间区域在满足观展的前提下，布置方形展台。整个展厅仍以灰色的自流平地面、吊顶为基调，以此作为展览空间的一个组成部分。

流动的三层展厅

作为特殊展览空间的坡道

第三类是研究、辅助空间设计。美术馆中还有许多其他用途的空间，如研究空间、办公空间、辅助空间等。我们以空间公共性与私密性为准则，把那些具有公共性质的空间挑选出来，对交通空间中的门厅、研究空间中的报告厅、辅助空间中的咖啡厅等进行专项设计。在这些空间设计中，为反映校园文化生活，将既有建筑中的"红色"作为一种元素引入设计中。比如门厅在以美术馆中英文构成的大型浮雕墙前面，设置一个红色烤漆铝板饰面的活动接待台；报告厅在满足声、光、电技术的基础上，以黑白灰为基调，设置两排红色布艺座椅；咖啡厅在满足坐席、操作、消毒功能的基础上，以锈蚀钢板、穿孔钢板为主材，而红色仍然是保留颜色；消防楼梯则以满墙红色乳胶漆饰面，一侧墙壁上用丝网印制美术馆中英文字体。"红色"通过不同媒介引入空间中，使美术馆具有积极、开放、热情、活泼的性格，它以崭新的姿态融入到校园文化生活中，并充当着重要的角色。

美术馆经过数年的设计与建造，终于在南京艺术学院百年校庆之前落成，并于2012年11月对外开放。我们作为参与者，总算完成了学校交给的任务。值得欣慰的是，崔愷大师对美术馆的室内设计表示了认可。当然，室内设计是否深化了建筑设计的意图，是否满足了艺术展览的需求，还有待专家学者、教师学生以及广大公众使用后的反馈与评价。最后，对参与室内设计的成果、蒲阳、陈曦等设计师，以及给予室内设计支持和帮助的崔愷大师、张男建筑师、崔雄院长、丁怡处长等，一并表示由衷的感谢。

＊作者为南京艺术学院设计学院副院长、教授

由红色乳胶漆饰面的消防楼梯间

设有活动展墙的二层展厅

极具透视感的一层展厅

展品与观者的互动

流动的三层展厅

三层展厅设计效果图

建有坡道的一层展厅

一层展厅设计效果图

三层展厅上空的钢架结构

美术馆咖啡厅

互为交错的坡道与大楼梯空间

开放的三层展厅

由外而内的红色墙体与斜向玻璃幕墙的交接

展品与观者的互动

2012年6月，南京艺术学院毕业生作品展在美术馆展出。绘画、雕塑、装置艺术……美术馆的空间因为作品和人群而活跃起来，观众通过坡道的引导完成参观流线，不仅欣赏着学生们创意十足的艺术作品，同时也体验着美术馆丰富的空间。

国际上评价美术馆的三大指标之一，是高规格的展览。除了学生作品展之外，南京艺术学院美术馆还积极举办对外展览——不仅有设计感十足的保时捷艺术展，也有弗朗西斯·培根作品展，以及文艺复兴素描展，后者展出来自法国、德国等国家的共41件作品。

评价美术馆的另外两大重要指标，是公众教育与观众流量。作为美术馆重要的功能之一，公众教育也已经成为了南艺美术馆的常规项目——每周六，美术馆都组织面向儿童的免费参观活动。如今，南京艺术学院美术馆的日流量已经达到4000～5000人次，最高时日接待近万人·次，这对于高校美术馆来说十分不易。美术馆的李馆长表示，他将继续竭尽所能，在南艺美术馆举办更多高水准的展览和公众教育活动，为艺术学院乃至国内的艺术教育做出一份贡献。

弗朗西斯·培根中国首展

策展人王亚敏介绍"素描系列展"

奥托·迪克斯作品展作品

徐龙森山水画展现场

复调·江浙沪艺术生态调查 朱玺作品

由紫金山向西远眺，天边的长江如一条白线，南艺美术馆的金属屋顶与江苏省电视塔共同构成了西城一处醒目的视觉焦点。（摄影：张果）

施工纪事

当设计人员亲临施工现场，看着建筑长出地面、结构竖起、屋面覆盖、外墙披挂、设备到位时，再多的付出和艰辛，都已忘却。但建筑毕竟是遗憾的艺术，在师生们的赞美声中，只有设计者知道，我们其实可以做得更好。

南艺校园建设指挥部

总指挥： 米如群　邹建平

————————————————————

副总指挥：黄晓白　崔　雄　张策华

————————————————————

成员（按姓氏笔划为序）：

丁　怡　王　玮　王东舰　王　虹
王卫东　冯翠华　孙　晶　齐　勇
李　宇　李　洪　孟洪生　顾新跃
袁乐平　韩克祥

————————————————————

"基建优先，一着不让"是南艺建设的宗旨。自从校园指挥部成立之后，指挥部里的每一个人就都奋战在校园建设的一线上。校领导对于工程进度和工程质量的关心、指挥部成员对于施工中每个细节的把握，都在为校园建设保驾护航。在施工的六年中，指挥部的校领导，时刻都在关注工程的质量和进度。

2008　　2009　　2010　　2011　　2012　　2013

分别为南大门、设计学院、宿舍、图书馆、演艺教学大楼、美术馆工地

2007～2008年，南大门及广场施工

2008年，设计学院施工

2009年，图书馆施工

2010年，宿舍施工

2011年，演艺大楼施工

2012年，美术馆施工

设计学院附楼这一子项是结构唱主角。从柱到梁再到框架结构基础梁，几乎所有结构构件均通过绑扎碳纤维束带、钉钢板托架或植筋扩展混凝土构件截面等方式进行加强。附楼内部是结构加固技术的展示场，外部则是设计院与校方默契配合共同设计的典范。

设计学院

2008年1~4月的南校门广场

难关的攻克——
演艺教学大楼桩基施工纪实

丁怡*

演艺教学大楼位于学校西侧中心位置，横跨南北校区，用地南高北低，高差约12米，平面呈南北向约171米，东西向约70米的长方形。演艺教学大楼总建筑面积43579.9平方米，地上13层，地下1层。演艺大楼像一艘航空母舰，承载了我校舞蹈学院、音乐学院、流行音乐学院这三个单位的教学办公用房，以及345间琴房和一个608座的教学实验剧场。

演艺教学大楼按二类高层建筑设计，为现浇钢筋混凝土框架-剪力墙结构。基础采用人工挖孔桩"一柱一桩"的布置，桩径1000~1400毫米，扩大头直径为1100~2800毫米，桩端持力层为⑤-2中等风化安山岩，单桩承载力特征值为4200~20000kN。

2010年3月10日，演艺教学大楼桩基工程人工挖孔桩正式开孔施工。在陆续开挖52个平均深度约4米的孔时，我们碰到了两种情况，一是17~23轴部位见淤泥层（因该淤泥层含水率偏高，为流塑状态，土体无自稳能力易塌孔、无法成模），对施工人员安全构成威胁；二是9~17轴部位，人工挖孔过早进入岩石层（约50~60厘米），岩石强度很高，工人在用风镐冲击岩石时经常脱把，一个小时下来肩臂酸疼，不断要换操作工人。在这样的施工难度下，每天开挖深度不到20厘米。我们会同监理、设计、勘察、施工单位在3月18、19日下午连续两次召开专题会议，会上提出三种技术方案：（1）在淤泥层部位，改变人挖桩施工工艺，减少立模高度，加大护壁厚度。但由于局部淤泥层深度达数十米，存在安全隐患；（2）对淤泥层区域土体进行加固，采取注浆或四周打深搅桩的方法，结合土方开挖并降水。此方案易施工，但费用较高，工期偏长；（3）改变桩型，重新设计。但大家根据当时掌握的情况，依据已有的施工经验，对于能否设计为钻孔灌注桩，⑤-1强风化层能否钻透，⑤-2中风化层（持力层）能否钻入到设计标高，存在较大疑问。三种方案都感觉不成熟，难以进行。

参会各方一致认为，应当咨询相关专家，同时为了减少工程费用的损失，现场人工挖孔桩应暂停施工。

工期紧张，事不宜迟。我与结构设计师孙梓俊商量后，立刻联系了专家侯善民。侯总参与过《南京地基基础规范》的编制，并且作为省审图中心的专家审核了我们演艺大楼等项目的结构设计图纸，对项目情况比较熟悉。侯总在听了我们的汇报并查看资料后，也觉得地下情况较复杂，现有地勘报告不能完整反映现场情况，建议另找一家勘察单位补勘，同时考虑调整桩型。

崔雄副院长一直在等结果，听到汇报后，他立刻拍板，表示按专家意见办。第二天，我们联系了另外一家原来在学校做过钻探检测的江苏省建苑岩土工程勘测有限公司进行复勘，并扩大地勘面积。结果发现岩层的分布、破碎程度以及岩石饱和单轴抗压强度与原地质报告有较大出入。该场地的岩层大部分为破碎的和较破碎的中等风化安山岩，而不是原地质报告中所述的较完整中等风化安山岩。两者的差异对桩基承载力的计算有着很大的影响（较完整岩的承载力无须折减，而破碎和较破碎岩的承载力须分别乘以0.5和0.7的折减系数），原地质报告的参数偏不安全。同时，岩石饱和单轴抗压强度的取值比原报告增大约30%~50%。根据补充地质报告，原基础设计已不能满足建筑安全性的要求。为慎重起见，我们请省审图中心于2010年4月8日组织了专家论证。经过各位专家讨论，最终形成结论：考虑到旋挖桩的成桩速度较快、入岩判断直观准确的特点，建议基础按旋挖桩重新设计，岩层的参数按照省建苑的补充报告取值，岩层（破碎岩）的承载力按照《南京地基基础规范》的要求乘以0.5的折减系数。依据以上结论，基础改为旋挖桩重新进行设计，桩径分别为1000毫米、1400毫米、1800毫米，入岩分别为4米、5.6米、7.2米。

设计院根据专家意见迅速于4月19日完成了旋挖桩图纸设计。设计总桩数314根，桩径1.0米、1.4米、1.8米三种，入⑤-2A中风化层4倍桩径长度。由于旋挖机主要用于高铁施工，民用市场使用很少，拿到图纸后，我们和监理分别进行市场调研，调查施工操作的可行性。

经过调研，得知目前市场上旋挖机进岩石的强度基本在15MPa以内，并且机械故障发生率较高，当岩石强度超过15MPa时，进尺很慢，对机械的损伤很大。工程经验表明，旋挖机适宜的工作范围在10MPa以下。根据在桩基持力层⑤-2A补钻9个孔，采集39个岩芯的实验结果，岩体抗压强度在10MPa以下的有9个，10-20MPa的24个，20MPa以上的有16个。也就是说，由于设计的入岩深度较深，旋挖桩的施工单位认为现有的旋挖机械无法达到设计要求，因此旋挖机械也不适合本工程的施工。桩型的选择以及施工问题又一次陷入僵局。

转眼一个月过去了，尽管做了大量的工作，可是关于桩基工程的施工还处在不确定阶段，没有实质性进展，这使我们处于十分着急和焦虑的境地。

4月25日，又到了周六。尽管阳光明媚，是施工极好的天气，校园很安静，工地也很安静，而我们的心没有安静。抱着试试看的想法，我拨通了江苏农垦建设有限公司南京分公司徐总的电话，他做桩基工程多年，施工经验较丰富。徐总听完，第一反应就是采用冲击式成孔灌注桩（下面简称冲孔桩）。为慎重起见，我们又与江苏省地质勘探局的有关专家进行了沟通求证，回电明确表示我们的场地条件应该采用冲孔桩。

冲孔桩所用施工机械俗称"砸机"，施工强度可达70MPa的岩层。砸机主要用于山区、桥梁建设，南京地区民用建筑使用很少，工程人员鲜有了解，但就是砸机给我们砸开了一条希望大道。

问题的源头一解决，后面的工作就好办了。在校领导的主持下，我们快速按照建设程序，对桩基的调整工作多头并进，全面铺开。现场试桩、设计院设计、调整图纸，校招标办招标选择施工单位，审计部门进行新的费用测算，我们基建处和监理单位调整施工进度计划，完成了一系列的后续工作。在试桩过程中，学校基建处、试桩单位江苏农垦建设有限公司南京分公司、江苏建科建设监理有限公司一直怀着对项目高度负责的态度努力工作。拿到试桩图纸后，工程技术人员根据经验判断认为设计入岩深度为4d偏保守，于是在施工过程中留意了试桩在土层、强风化岩层以及中风化岩层的成孔速度，并发现在中风化岩层成孔很慢，速度仅为20~30cm/h。因此，工程技术人员将入岩深度由4d改为2.5d进行控制，并在试桩堆载环节上与检测中心进行了超载实验可能性的商讨后，实施了单桩设计承载力50%的超载实验，实验的结果"桩的承载力和沉降量均符合规范要求"。据此，设计院调整了图纸，工程桩入岩深度由原设计4d改为了1.8d。仅此一项举措，就为学校节约投资近180万元，节省工期1.5个月。

在大家的共同努力下，桩基工程于同年10月份顺利完成。这一问题的最终解决，为演艺大楼在校庆前完工并投入使用提供了有力的保障。

＊作者为南京艺术学院基建处副处长、高级工程师

演艺教学大楼北立面

演艺教学大楼局部

难以忘怀的日日夜夜

顾新跃 *

一、百岁泉涌

改造前的南艺校园，最大的缺憾是没有水的灵动。学校曾探讨过增设水景的地点，但几版方案都不甚理想。随着校园建设的进行，当美术馆的屋面结构形成后，我们发现美术馆与西侧土坡相距仅三米，显得有些压抑。此时，一个大胆的想法在崔雄副院长的脑海中闪烁——他要扒掉这块小山坡，使得学校中心形成开阔的空间，并在此造就一方水景，使得山、水、建筑有机地融合在一起。米如群书记到实地视察后，赞成崔雄的意见，明确表态扒去山坡，在此位置建设喷泉水景。2012年9月21日，在校园基本建设指挥部第三次会议上，学校明确此项任务由基建处完成。

此前，一无方案，二无图纸，三未定施工单位，尚有一万余方的岩石和土方要外运，而此时距离百年校庆已不足百日，可谓困难重重。基建处接受任务后立即组织进行土方开挖及外运，9月30日，经过十多天的日夜奋战，土方工程结束，周边环境顿时豁然开朗。经过多次测量，我们发现现场情况远比想象的复杂，整个场地极不规则且不平整，水景用地的东南角和西北角高差竟达2.5米多。崔雄、林木英、孙晶、严正四位在复杂的场地条件下进行了方案设计，在充分考虑美观、安全、可行性的基础上，最终确定百岁泉依势而建，大致呈不规则梯形，分为三级叠水，每级高差50厘米，水深50厘米。喷泉由中心一组大型涌泉和周边16组小型涌泉组成，配白色LED灯光。最高处为亲水平台，摆放人物雕塑。方案一经确定，基建处分秒必争，一边进行施工图纸设计，一边组织施工单位开始土建施工。11月3日，百岁泉的主体结构浇筑完成；11月20日，喷泉调试完成；11月27日，全部完工；11月28日，正式开泉，校园里终于有了一处灵动又具有纪念意义的水景。

建设过程中，基建处、后勤管理处、后勤总公司、设计学院、高职院通力合作，紧密配合，施工单位更是日夜奋战。米书记多次亲临现场为施工单位加油鼓劲，崔雄副院长更是每天到施工现场指导工作。经过两个多月的不懈努力，百岁泉终于在2012年11月底前如期竣工，为我校百年华诞献上了一份厚礼。

百岁泉志

李立新

子曰：「智者乐水、仁者乐山」，智者，若水般悠然、活泼，灵活变通；仁者，若山般崇高、宁静，坚韧不拔。水，亦固亦流，即成即逝，然逝者如斯，而未尝往也，生生之为易，不息也。

百年前，海粟校长创立之艺术学府，历经沧桑，卓然屹立，形成学统，涌现名家，铸就『不息变动』之精神。实为艺术创新之规律，真实不虚之真理，艺术长存之途径。

今百年庆典之际，凿百岁之泉，饮水思源，昭示喷涌『不息变动』之创新光辉，汇成源远流长，独立不迁之艺术学统。后之览者，亦将有感于斯，肩负起返本开新，复兴中国艺术之重任。

二〇一二年十二月八日立

二、跌宕起伏

南京艺术学院美术馆位于校园东部，北面紧邻音乐厅，东面朝向城市道路虎踞北路，南侧为44、45号学生宿舍楼，西侧为百岁泉。其主要功能为：展厅、库房、研究室、修复室、报告厅、咖啡厅、办公室及名人馆。展厅空间局部两到三层通高，各层的展览空间通过坡道连接，观展流线徐徐上升，步移景易。鸟瞰美术馆，美术馆呈海豚形状，紧紧半包围着音乐厅，是我校的标志性建筑。

美术馆的屋面为双曲面的直立锁边金属屋面。2011年4月，美术馆的金属屋面工程通过公开招标的方式，确定了江苏汉风为中标单位。在进行施工图纸深化设计时，崔愷大师改变了原设计方案（招标时方案），原方案金属屋面分为上下两层，下层为主要起屋面防水作用的直立锁边铝镁锰板，上层为起装饰作用的铝蜂窝板。改变后的设计方案取消了上层铝蜂窝板，让下层铝镁锰板其本身的金属肌理效果直接外露。直立锁边铝镁锰板既是屋面防水层，又是装饰层。这一改变减少了施工程序，却大大提高了施工技术难度。此后，在金属屋面施工分包单位的选择上，可谓困难重重。2011年10月，我们通过内部招标程序，最终确定某公司（下文中"该公司"）中标。该公司由于其内部管理的原因，中标后迟迟未能有效开展工作。为加快推进速度，我校和该公司于2012年春节后签订了合作意向书并立即支付了20%工程预付款。在取得预付款后，该公司进行了图纸的深化设计和管桁架的施工，但所有的工程进度节点均滞后。另外，该公司以招、投标文件的施工范围不清晰为由，提出了有悖招标公告内容的要求，不愿与江苏汉风合作，拒签三方协议，并要我校按意向书付款。2012年4月25日、26日，我校和该公司进行了谈判，未能取得实质性进展，双方争议在金额上差200万元，工期要求的时间差25天。2012年5月5日，双方领导又一次进行了面谈，后来又经过电话及短信沟通，达成一致意见：由于双方在金额上的分歧无法达成一致，决定该公司的施工到管桁架工程为止，双方友好协商善后工作。但是，该公司于5月6日以未付款为由停工。

由于该公司仅仅支付了管桁架施工单位（分包单位）20%的预付款后一直未付款，于5月8日下午停工。5月13日，该公司领导给崔院长发来短信，表示已请现场项目经理落实对分包单位的付款，并承诺于5月14日复工，但是付款承诺一直未兑现，5月16日分包单位的现场工人为讨生活费，采取极端的手段要切割已完成的管桁架，被现场监理及时制止。万般无奈下，分包单位向我校提出申请，希望我校代该公司支付进度款。为了确保施工进度以及防止现场发生过激行为，我校同意代该公司支付部分进度款。管桁架施工单位承诺于5月底前完成所有管桁架的施工。

5月22、23日，工地上突然出现了16位工人，要强行在我校美术馆的管桁架上进行屋面施工，我校坚决不同意，双方发生争执和对峙，后警方介入，作了调解。5月24日，我校封闭美术馆主体建筑的出入口并加强了安保，施工人员凭证出入，40多名安保人员24小时值班、巡逻，确保施工安全，16位"施工人员"未能进入主体建筑。此后，这16位"施工人员"每天准时"上班"，至6月2日悄然离去，一场闹剧就此收场。

美术馆的金属屋面最后由中国建筑第二工程局有限公司完成，他们表示愿意以原中标价格扣除管桁架以及脚手架的费用后，包干原招标文件范围内的工程内容，帮忙继续完成金属屋面工程。中建二局于2012年5月25日开始施工，在我校未付款的情况下，垫资购买了底层板进行铺设。2012年7月10日实现屋面断水，8月底完成了屋面工程，10月底美术馆工程整体竣工。11月22日，美术馆迎来了第一场展览。

＊作者为南京艺术学院基建处处长

美术馆直立锁边金属屋面施工中

美术馆屋面钢架施工中

经历风雨 方见彩虹——
美术馆施工纪实

丁怡*

美术馆项目还在方案阶段时，就因造型的新颖别致和对环境的高度贴合赢得了师生的一致好评。整个美术馆采用向心的弧线体形，将椭圆形的现状音乐厅融合起来，形成对音乐厅的半围合之势，使两个建筑浑然一体。同时，也因为造型的特殊性使得整个施工过程困难重重、一波三折。特点形成的难度在施工中表现在四个方面：（1）非正交结构，需要精确的前期模拟和现场定位；（2）不规则构件多，要求对工期和工艺的全面把握和控制；（3）强调建筑本体的直接表现而少装饰，需要很高的施工完成度；（4）很多问题无法在图纸上事先表明，需要现场解决，工作量很大，设计师和各工种之间的频繁沟通和协调是施工过程中的重要环节。

美术馆工程于2010年9月份正式开工，主体由钢筋混凝土和5根倾斜的钢柱共同受力，屋面钢结构屋架承重，直立锁边铝镁锰板金属屋面，外墙由金属幕墙、玻璃幕墙和砖砌体共同组成。涉及土建、钢结构、金属屋面、幕墙和室内装修等施工单位，因各分部之间专业性都很强，既独立又交义，而美术馆所谓的总包单位无法协调现场施工，所有的协调工作就落在了甲方现场管理和监理的身上，一旦衔接不好，不仅无法正确表达设计师的设计内涵，且美术馆作为百年校庆前的重要工程之一，如不能按时竣工将影响整个校园庆典活动的展开。

双曲面弧线体形使美术馆特征显得尤为突出，里面空间根据展示需要，设计手法较为丰富。美术馆的设计，从方案阶段开始就是通过建筑三维软件来完成整个空间造型的，后期又经历了施工图和各分项工程的深化设计。各分项施工单位，都必须遵循建筑施工图纸平面尺寸进行轴线控制，以三维模型定位空间坐标。轴线和坐标一旦出现偏差，将会造成整个建筑无法闭合，所以空间定点是各家施工单位都须解决的问题。设计院设计的弧线，是通过确定几个圆心形成不同的半径再连贯起来的，有几个圆心点的位置是在北侧音乐厅内侧的柱中心点上，1999年建成的音乐厅后期装修把原结构包在里面，很难找准中心点，总包单位项目经理历时半个多月先后十几次定位，想尽办法才将轴线定准确。5根倾斜的结构钢柱、屋面钢结构、幕墙工程的定位也都伴随着电脑建模、实地放样、不断纠偏、相互协调这样一个过程，仅幕墙定位就来回纠偏二十余次。就这样，在大家的不懈努力下，最终定位都没有出现偏差，全部满足了建筑的几何尺寸要求，圆满实现了建筑外观效果。

美术馆的楼层之间多用坡道连接，形成了流畅、合理的观展线路，与其相对应混凝土剪力墙的模板制作呈不规则弧线形，且水平标高不在一个面上。由于几何尺寸复杂，每块模板形状不一，基础施工的木工班组先后换了十几批，甚至有班组干了一天工钱不要就直接走人。直到三个月后，总包单位将曾在常州恐龙园施工龙头的木工班组请来才解决了问题。

美术馆的5根结构钢柱是从地下室一直延伸到三楼，倾斜角度和方向各异，共分5段随着楼层的施工同步吊装，根部与混凝土梁连接。如何吊装成了大问题。根据场地情况只能用大吨位的汽车吊，但是现有楼板无法承受其重量，且成本很高。后在基建处的主持下，相关工程技术人员反复商讨，并组织专家论证，最终采用抬抬吊，顺利完成了5根钢柱的吊装。在钢柱与混凝土梁的交接处采用型钢节点，为保证质量，施工单位长虹钢构专门挑选焊接技术好的焊工进行焊接，确保检测一次性合格。

双曲面的金属屋面在崔恺院士决定取消外装饰铝板，直接将直立锁边铝镁锰板作为面层时，施工难度陡然增加，对施工单位的深化设计、施工能力以及设备要求都将是前所未有的考验。屋面面层有很多是扇弯板，所以排板要精确，双曲屋面分割线及排水沟的设计要合理，连接只能通过机器锁边，要求完成面曲线顺滑。常规的金属屋面系统与屋架钢结构之间通常是等距离，通过丰次檩条进行连接，由于屋面外形不规则，屋架钢结构与设计屋面完成面之间的差距在30~140厘米之间，这中间采用什么结构形式连接，并无规范和经验可借鉴。从选择屋面专业施工单位、确定施工方案以及最终完工，共花了15个月，等屋面基本完工已是2012年7月了。尽管这中间经历了诸多协调、纠纷谈判、甚至博弈，但最终的结局还是令人满意的，由中建二局施工的金属屋面完成面过渡自然，曲线顺滑。

玻璃幕墙最初的方案是四边形玻璃。在深化方案讨论阶段，设计师提出从建筑整体效果出发，室内外要通透，要减少幕墙钢支撑，最大限度地使用玻璃，以满足室内外光影效果。据此，根据崔恺院士的建议，将原有的幕墙方案调整为两块大三角型玻璃组成一个单元的做法，玻璃中间缝隙不做任何结构支撑，用结构胶进行固定安装。这是一个大胆的改革与创新。

幕墙立面不规则，弧形、内倾，每块玻璃的几何尺寸都不同，最大的玻璃有三米多高，最多的是六个边的异型。这大大增加了玻璃测量、制作及安装的难度。幕墙施工单位项目经理杨涛顶着37度高温，日夜奋战在工地，有时候为了确定一个玻璃尺寸，他需要反复测量三四遍。因为玻璃是三角形夹胶中空玻璃，加工周期正常是15天，三角形的玻璃受力不均匀，碰一个角即破碎，所以现场破损较多，又因为每块玻璃规格不同，无法提前备货，只能破损一块补一块。时间在飞逝，距离校庆画展只剩3个月了，玻璃幕墙若不能在计划的10月25日完工并拆完脚手架、屋檐收口收边，室外环境等就无法施工，校庆前也就不能交付使用。仿佛是决战前的紧张状态笼罩着整个工地，玻璃到货时间、安装速度、破损情况、补货时间都成了从米书记到崔院长到我们现场的每一位管理人员每天操心的一件事。为确保玻璃到场时间，其间我带着现场工程师言明镜和总监闵建东，会同幕墙项目经理杨涛，多次直接到厂家催促玻璃。在飞天玻璃厂总经理汪总的支持下，将供货周期压缩到了4到5天，这为幕墙工程的及时完工提供了有力的保障。在安装施工中不时有玻璃破碎，尽管幕墙项目经理杨涛每晚上报当天的施工情况，崔院长还是一天数次亲临现场查看。最揪心的是在10月23日，最后一块玻璃安装时碎了，我们的心立即降到了冰点。出乎意料的是杨涛多备了一块玻璃，虽然尺寸稍微有点偏差，但是经过努力还是安装上去了，确保了脚手架顺利落地。

内装修工程因屋面工程的耽搁，时间很紧张。三楼展厅空间很高，依然是不规则的双曲面。在校内专家们的建议下，取消了原设计中的内饰吊顶，所有的管线将暴露在外面。这就要求各路管线的排列、灯具的安装既要有序、美观，又要满足功能要求。甲方的安装工程师平文林带着施工单位从图纸排列到现场放样，为尽可能将管线调整得美观不足了力气。外檐口及屋面装饰格栅所有的铝板都是现场放样制成木模，后送至加工厂加工成型，再运回现场安装。

在各专业工种不断深化的过程中，出现了很多空缺和节点漏洞，比如内外砌体墙和弧形金属屋面间有空隙，造成空间不封闭；金属屋面结构和幕墙骨架交接处的结构较琐碎凌乱；檐口以及屋面格栅的选材、做法不确定；在主体风格确定的情况下通

过什么材料和工艺来完成对各个出入口及不同转折面处理，等等。很多问题都是随着工程进度的推进逐步显现出来的。其间，设计院的设计师们多次到现场进行指导，后期，由于时间紧迫，建筑师张男更是两次驻场办公，根据实际情况绘制出了大量的构造草图，我们就依据草图完成节点处理和施工。

在百年校庆前有限的施工时间里，美术馆项目的全体管理人员、监理，各施工单位都沉浸在忘我的境界里，为了确保美术馆在校庆前投入使用，大家神经都绷到了极限，最紧张时吃住在工地，终于使美术馆按既定目标在校庆前投入使用。

最终完工的美术馆较好地表达了设计要求，并没有因为它的不规则形和现场工作量大而使作品走形变样。同时，在建设过程中对各种技术问题的解决，事实上增加了不少最初设计中未曾考虑到的细节，为这一独树一帜的建筑形式赋予了具体的技术含量。

经历了无数次风风雨雨后我们终于见到了彩虹。

----

*作者为南京艺术学院基建处副处长、高级工程师

美术馆施工配合阶段设计草图

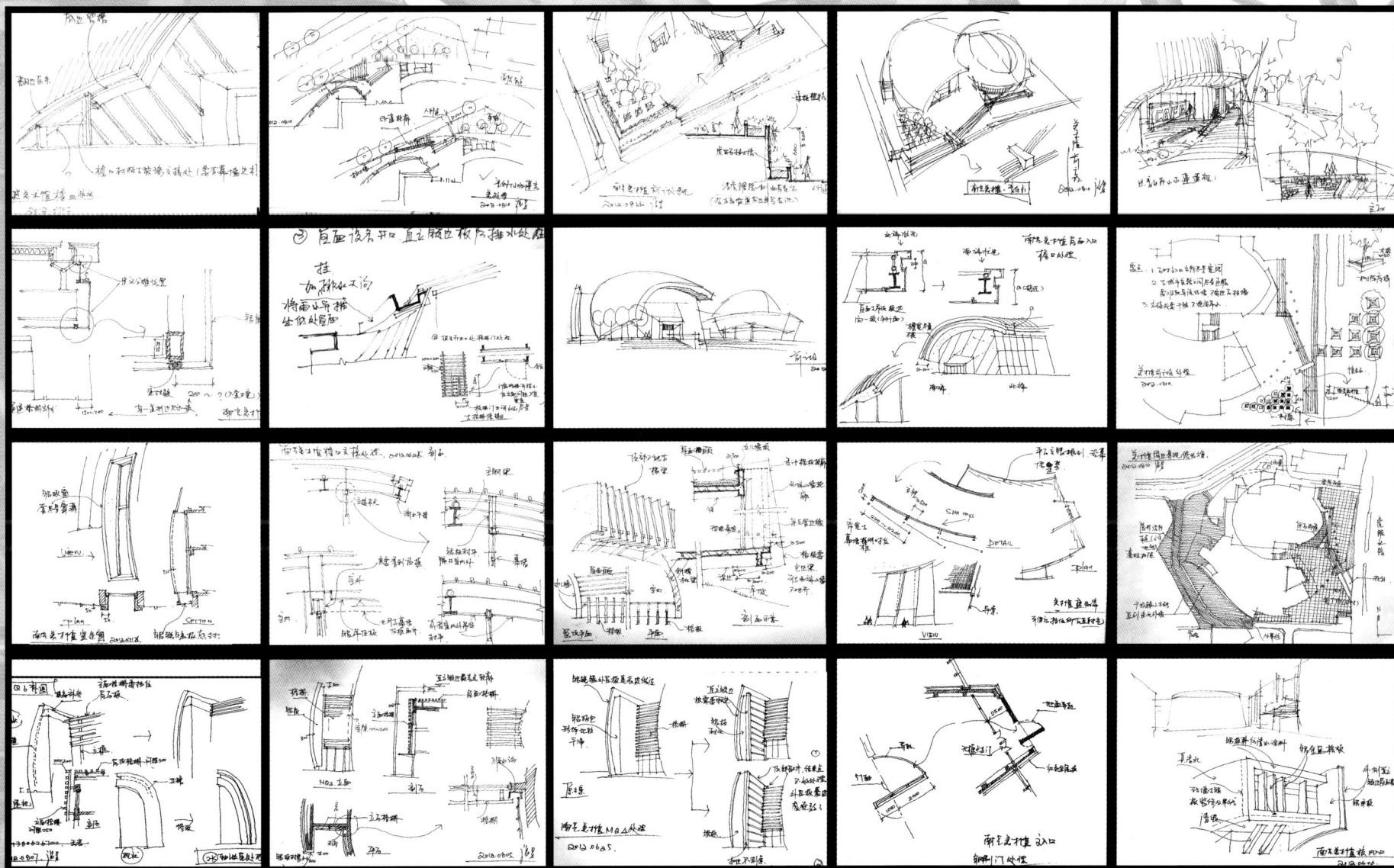

美术馆建设点滴

华森公司南艺美术馆设计组

2010～2012年的三个年头，美术馆项目组的全体设计人员，走过了大自然的春秋冬夏，也经历了该工程的酸甜苦辣。

2010年：紧张配合、不断调改的施工图设计；

2011年：土建施工、设备安装的现场协调；

2012年：幕墙披挂、收尾工作的欣喜和揪心。

设计阶段：

看到三维模型、看到初步设计，我们激动了。局促的用地、起伏的地形上，美术馆环抱着音乐厅，如此的自然、优雅，有一种"天作之和"的意境。参与设计、付诸实施，我们太荣幸了。

施工图设计阶段，将曲线、曲面的三维模型转向二维的图面表达。建筑专业在平面定位、空间标高的确定上不断地与结构、机电专业配合，在外形保持不变的前提下，直至各专业构件有效定位：包括外幕墙的二次结构，在施工图深化设计阶段，也基本配合到位。

向心的弧线造型，平面特别不规则，结构专业遇到了挑战。屋面大跨度不规则的曲面，支撑点标高不一，大尺度悬挑，同一部位三边悬挑。所以仅仅三层的建筑，采用了框架剪力墙体系，有效抗倾覆；混凝土斜撑、预应力梁；整体分为两块，分别计算，包络设计。所有的方法、措施应用，实现了建筑师的构想。

屋面雨水排放的设计，给排水工程师采用了虹吸排水的方式。雨水沟结合屋面弧度布置、隐藏。合理划分有组织排水与自由落水的界限。雨水立管预埋在钢柱中。

针对既定的建筑外形和与其相对应的室内空间要求，暖通专业采用了空气源热泵机组（用于展厅、报告厅、办公室），单元式恒温恒湿空调机组（用于藏品库）。两管制异程式水系统。

为了满足对展厅顶部天花的要求，三层采用地面送风口、中廊侧墙中部送风相结合。双风机的展厅空调系统，实现了过渡季节新风取冷的功能。

施工阶段：

设计中隐藏的矛盾凸显出来，幕墙二次结构与主体结构的关系设计时存在问题，特别是立面转折、材料交替处的构造处理，边施工、边调整。西入口幕墙的龙骨嵌入主体钢结构中，才勉强达到了外形的要求。

施工阶段屋面系统的铝合金面板取消，改为直立锁边外露，使屋顶、外墙的曲面流线感、纹理感更加强烈。这一修改又带来了二次结构的局部调整，交接收口处的处理变化。

但设计人员亲临现场，看着建筑长出地面、结构竖起、屋面覆盖、外墙披挂、设备到位，再多的付出和艰辛，都已忘却。

竣工阶段：

百年校庆之际，美术馆竣工开馆。在如织的人流中，渐升的缓坡上，徜徉在凝重的混凝土与红白墙面的交错间，体验着空间形态的变换。建筑造型、材质色彩、展厅组合，几近完美。但建筑毕竟是遗憾的艺术，在师生们啧啧的赞美声中，只有设计者知道，我们其实可以做的更好。

美术馆的技术含量、加工难度都比较高，给了我们很大压力，很多厂家都表示没有能力完成这一项目。屋面上方的装饰面板最初打算采用铝板，后来改为有一定厚度的蜂窝铝板。但随着工程的推进，崔总为了追求更为完善的表达效果，提议用直立锁边板直接作为装饰面板。

这一改变成为了我们的工作重心，并使得我们为之奋斗了一年。这样的案例在国内十分少见。有些厂家采用低价手段中标却在后期声称难度太高、要求延长工期。偏偏我们的时间非常紧张，必须让美术馆在百年校庆（2012年12月）之前完工。整个建设过程中有很多家单位：总包、室内、金属屋面、玻璃幕墙、钢结构、自流平、防火门……整体协调的重担也落到了我们基建处和监理单位的身上，方方面面的事宜都需要我们出面进行沟通。在接下来的两年内，美术馆的施工走过了一段曲折艰辛的历程。

2010年底：屋面板招标开始。

2011年4月初：确定招标单位，以及出图、进场时间。

2011年4月28日：厂家进场。此后2个月内，一直没有实际进展，

2011年9月：考察、选择金属屋面板施工单位。

2011年11月：金属屋面施工单位进入现场，进行了分工，管桁架施工取得进展。

2012年3月：屋面板零件进场。

2012年4月：发现结构与屋面出现脱节。普通金属屋面的钢梁是用主檩、次檩，而美术馆的屋面因其特殊的形态，屋面与钢结构之间的距离处处不同，需要采用片状网架进行连接。整个项目都在摸索着往前走。并请北京中元工程设计顾问有限公司南京分公司深化了图纸。

2012年5月：中建二局进场并采用霍高文的技术与设备进行屋面系统施工。

2012年7月：屋面封顶。开始做幕墙玻璃。三角形玻璃组成的幕墙虽然工程量小，但难度很高，需要进行结构设计，并与下方的土建结构结合。三角形玻璃施工难度大、且容易损坏。各块尺寸不同，补货周期长。室内装修安装工程全面推进。

2012年10月：幕墙终于安装完毕，外脚手架拆除，室外环境开始施工。

2012年12月：美术馆顺利完工，向校庆交出了一份圆满的答卷。

——丁怡

经过七年的努力，南艺校园的新面貌终于呈现在广大师生面前。崭新的建筑因为各项校园活动的展开而具有了丰富的生命力。校园中静静矗立的建筑，与穿梭其中的师生们共同构成了一幅今日南艺的新画卷。

七年磨一剑，校园绽新颜

米如群 [*]

2007年7月，我奉调来南京艺术学院工作，时值南艺成功完成了与一墙之隔的南京工程学院的校园置换，拆了围墙，通了道路，校园面积翻了一番。然而，新老校园如何对接，如何相融相通，如何使地处市中心的寸土寸金的校园容积率发挥到最大限度，使其育人功能提升到极致？众多问题困扰着学校的决策者们。我果断地将基建从后勤部门独立出来、设置基建处，调整人员的配置，强势推进校园基本建设；并与中国建筑设计研究院崔愷大师见面，及时沟通校园建设中设计、施工与业主的关系，并确定了全部单体建筑委托崔愷大师的团队设计。

由于受规划条件、地铁、人防、消防、工艺、工期等诸多条件的限制，建筑单体设计工作从一开始就充满着坎坷与困难，设计方案和施工图经过了反复的论证、修改和调整。在整个过程中，以崔院士为首的设计团队和施工出图单位华森公司，自觉克服困难，勇于承担责任，始终如一，工作认真。他们想学校之所想，急学校之所急，能够按照学校的需要，不厌其烦、实事求是地修改和完善图纸，表现出了吃苦耐劳，服务至上的工作作风，给我们留下了深刻的印象。

七年来，学校党委和行政始终把搞好校园基本建设作为一项突出任务来抓，攻坚克难，一着不让。为了保证基建工作顺利推进，学校成立了校园建设指挥部，从组织上保证了基建工作的地位和权威。2008年在学校第八次党代会上，学校提出了四大发展战略，除质量立校、人才强校、学科引领以外，"基建优先"也作为一大发展战略写进了党代会的政治报告。七年来，我们举全校之力，调动了大量的人力、物力、财力和社会资源，以"一切为了前线"的精神支持基建，从而确保了基本建设工作的顺利推进。特别值得一提的是，学校广大师生自觉克服"晴天一身土，雨天两脚泥"的困难，对学校的基建工作给予了最大限度的理解和支持。广大师生就像一个怀孕母亲期盼婴儿降生一样，共同渴望着新校园的早日落成。时光无痕，岁月如歌。正是因为有了全校上下团结奋斗，我们才演绎了那段"激情燃烧的岁月"。

如今的南艺校园：布局合理、气象万千；一年常绿，四季有花；古典建筑飞檐翘角、画梁雕栋；现代建筑线条明快，造型新颖；网状道路蜿蜒通畅，新建景点星罗棋布，犹如一颗耀眼的明珠，镶嵌在了石头城下、秦淮河畔，成为南京市民经常光顾的重要景点，也成了南京城里一道亮丽的风景线。每当我们徜徉在美丽校园中时，内心总会充满对设计团队和建设者们的感激之情。

南艺校园的成功改造与建设，意义重大。首先，有效地完善了办学功能，提升了人才培养能力；其次，大力地美化了校园环境，提升了环境育人的品位；第三，切实地改善了工作和生活条件，提升了广大师生的认同感和自豪感；第四，快速地拓展了校园的精气神，提升了优秀人才加盟南艺的热情与热度。

"雄关漫道真如铁，而今迈步从头越"。今天的南艺正沐浴着社会主义文化大发展大繁荣的春风，阔步前进，科学发展。我坚信，南艺的明天一定会更好！

----

[*] 作者为南京艺术学院党委书记

改造之后的南京艺术学院依然安静地坐落于南京城之中，却又以崭新的面貌和更为浓厚的艺术气息感染着这座六朝古都。校园在古林公园的庇荫下依然风景秀丽，新老建筑和谐共处、为南艺师生提供了更好的教学环境。今日的南艺，正以更为自信而开放的姿态向城市敞开怀抱，为艺术人才的培养贡献着更大的力量。

校园里，无论是初春含苞待放的玉兰，还是盛夏郁郁葱葱的草地，都散发着勃勃生机。一批批学生从入学到毕业，见证着校园的春去秋来，也见证着自己的青春成长。

今日的南艺校园，不仅因新建筑的出现而焕发了别样的光彩，也因着老建筑的修缮、改造而传承了深厚的历史积淀。新、老建筑交相辉映的校园吸引南艺师生纷纷拿起相机，拍摄他们眼中的风景，见证南艺下一个百年的美好起点。

经过改造的南艺校园，不仅面积翻了一番，更重要的是以硬件基础的加强拉升了学校的软实力——包括学校的教学水平，以及对高素质人才的吸引力——每年报考南艺的考生增至6万多人次，一些专业已经达到了百里挑一的程度。

南艺新校园的精神激励作用更是不可忽视。随着教学和住宿条件的改善，教师与学生都有了更强的积极性和认同感、归属感，很多老师和学生在提到母校南艺的时候，自豪之情溢于言表。

——南京艺术学院党委书记 米如群

我曾去过的国内外高等院校有六七十所，客观来讲，我们的南艺校园确实不错。我认为它的特点首先在于错落有致、因地制宜。有时我站在校园里，还能看到下面一层的地面上有人在活动，这是一种非常立体的效果，是很多校园不具备的。其次是视野通透，我们的建筑虽然众多，却没有拥挤的感觉，站在图书馆西面可以直接看到操场；演艺教学大楼虽然庞大，但很多地方都是通透的，站在上面的视野也非常开阔；再次是时尚简洁，比如图书馆内部的台阶、图书馆外的"罗马剧场"，校园整体的建筑风格也很简洁，和老建筑的风格比较统一。在一本杂志"最有活力大学"的评选中，南艺榜上有名，如果记者再来参观我们的校园，可能他们的感受会比那时还要深刻。

——南京艺术学院院长 邹建平

都说我们是在螺蛳壳里做道场，某种程度上来说南艺的确像个螺蛳壳，但是它也具有独特的优势，首先是在城里，其次是本身高低错落、峰回路转，使建筑师有更大的发挥空间，也能更好地形成一种艺术氛围，同时能够更好地容纳较大的建筑体量。图书馆下方架空，将周边风景纳入到校园中，是在我看来一个大胆而富有特色的设计。现在我特别乐意陪同外宾在校园里参观。

——南京艺术学院副院长 刘伟冬

我直接参与了校园的基本建设，从我个人来讲，我的宗旨是非常尊重设计师，所以施工方每次找我，我都先问图纸上有没有、设计师什么意见，如果图纸上有，那就不要修改。整个建设过程充满了酸甜苦辣，我的体会也很深刻。

——南京艺术学院副院长 崔雄

南校门广场上的雕塑群，向中国美术教育的先驱们表达着敬意。他们勇于探索、艰苦奋斗的精神，感染着一代又一代的南艺人。

设计学院

设计车间里，切割、磨光、喷漆……一道道工序的完成，伴随着一件件作品的诞生。

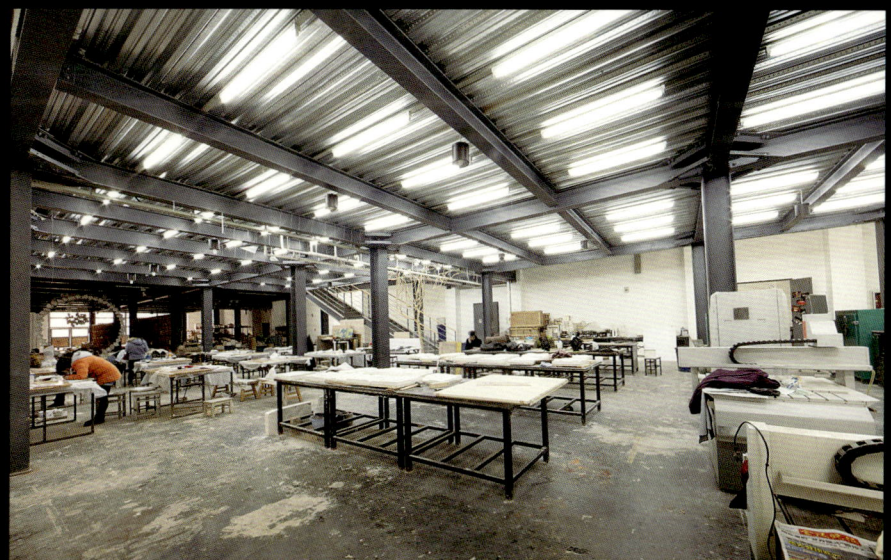

图书馆

演艺教学大楼

学生宿舍楼

美术馆

美术馆前的一片广场，时而走过上下课的人群，
时而吸引切磋技艺的滑板高手。人群散去的时候，百岁
泉的水声依然诉说着南艺的"变动不息"，与"闳约深
美"精神的细水长流。

中心广场

传媒学院

南艺附中

音乐学院

　　在设计院对校园进行专业规划与建设的同时，校方富有经验的建设团队，也对一系列校园建筑进行了改扩建，它们与新建建筑和谐共处，共同让校园焕发出新的风貌。

成教学院

人文学院

影视艺术楼

行政楼

工业设计学院

国际交流学院

音乐厅内景（802座）

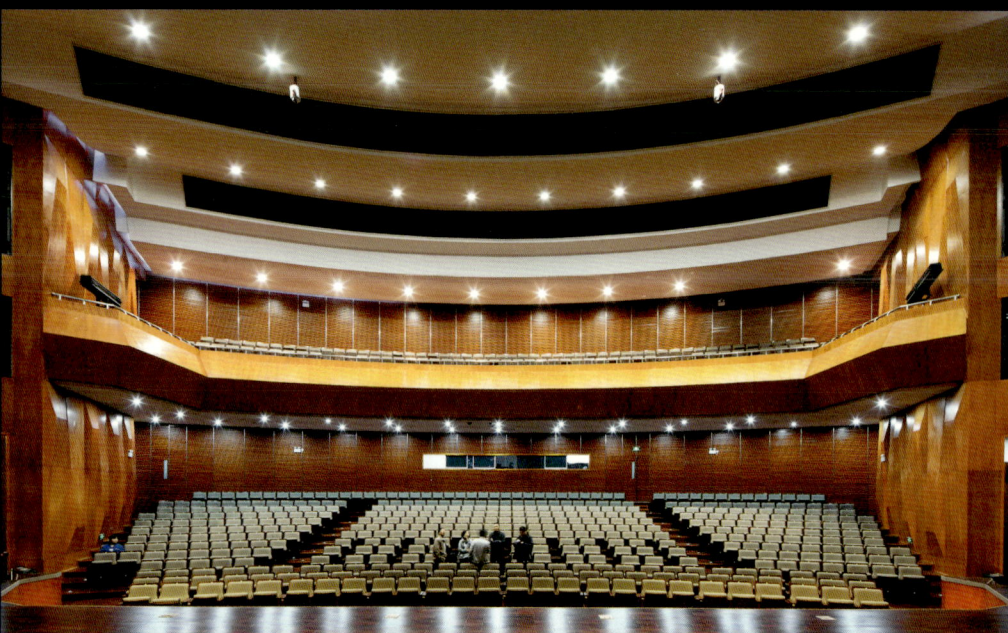
实验剧场内景（608座）

南艺剧场内景（408座）

音乐厅

设计学院报告厅

图书馆报告厅

流行音乐学院演奏厅

音乐学院演奏厅

舞蹈学院表演厅

手工艺工作室

服装设计工作室

传媒学院苹果机房

传媒学院影音高清制作审片室（实验室

影视学院黑匣子

影视学院数字影像工作室

音乐学院录音棚

美术学院版画工作室

（左图）随处可见的浓绿赋予了南
艺校园天然、灵动的气息，校方精心保
留下来的一棵棵大树，与南艺一起书写
着下一个百年的光辉岁月。

（右图）初冬清晨的南艺，在微
冷中透着静谧与安宁。很快，师生们
就将穿梭在校园中，开始新一天的学
习生活。

穿过山林的道路

雕塑《杰出校友》

雕塑《三重奏》

雕塑《红色记忆·苏醒》

南艺师生的艺术创作成果在校园中俯拾
即是，校园各处都点缀着不同风格的雕塑。

篮球场

舞蹈学院学生

学生食堂

课堂教学

（上图）除了新建的演艺教学大楼之外，南艺还有多处供师生排练、演出的场所——附中剧场、黑匣子、小剧场。一次次演出的发生与谢幕见证着一批批学生对表演的热情，以及他们的成长。

（下图）校园是学生生活的容器与载体，随着硬件设施的改善，教学、创作活动都有了更为便利的条件，学生的艺术生活也更加丰富多彩了。

运动场

体育馆

1912—2012

庆祝南京艺术学院建校100周年大会

2012年，南京艺术学院迎来百年华诞。新的校园，孕育着下一个百年的勃勃生机。

南艺"春华秋实"在国家大剧院演出

百年南艺师生美术作品展在中国美术馆展出

南艺"百年回响"在南京人民大会堂演出

南艺实验观察

南艺项目设计组

南艺的早晨是忙碌的，学生们从方正的宿舍里走出，并不会有太多人欣赏他们的新校园；当他们挎着书包，绕过蜷曲的美术馆，穿越轻盈的图书馆，沿着壮硕的演艺教学大楼，走进混搭的教学楼时，不知道是否还记得几年前的校园是个什么样子。但工作室的设计师和学校的老师们不会忘记，改造，给南艺带来了多么翻天覆地的变化。

就在三年以前，我们曾经进行过一次走访调查，很多学生都反映整个校园变成了工地，妨碍了日常的学习生活，却又无可奈何。那些同学并没有来得及享用改造带来的成果，但对于他们的师弟师妹们来说，这一切的忍耐和努力，都是值得的。每次给国外的同行介绍这个项目的时候，他们往往惊叹，这就是中国速度，这就是整体设计推动下的校园改造，这就是"南艺实验"的成果。

比较讨巧的是，我们在调研的时候发现南艺本身就有很强的环境设计和艺术表现能力，于是我们就想，能不能让师生参与到设计的过程中来。在整个校园建设过程中，我们提供一个基本的框架，而让南艺的师生自己去完善环境的营造和装饰，以及创造性地对空间进行使用。事实证明，这种尝试也是成功的，比如在南校门门房的彩色玻璃就是学校老师的作品，很多学生甚至认为正是那几块玻璃体现了学校的特色，使校门代表了南艺。同样，在美术馆改造的过程中，本来室内是有吊顶的，但是学校的师生觉得钢结构本身的表现力已经很强，比吊顶还要有意思，于是我们顺势取消了吊顶，直接表达结构的空间感。而教学楼的平台更是成为了学生作品的室外展场，每隔一段时间，都会有不同的空间理念和雕塑作品来转化对这个空间的定义。

仔细观察，你就会发现，我们在学校里设计了大量的灰空间，作为建筑与环境的过渡，它们并不显眼，却丰富着整个校园的空间体验。坡道、架空、桥洞、平台、台阶、缝隙、空院、连廊、檐下……这些元素都不断丰富和挑战着使用者的视觉经验和空间感受，并且激发他们对于行为和空间关系的重新定义。有研究表明，随着时代的发展，教学模式正在发生着巨大的变化，有一半以上的学习活动是在教室以外进行的，学生通过交谈、争论、观察、沉思、自习、试验、上网、社交等来获得知识，激发创造力，对于艺术院校更是如此。无论什么时间，在校园的很多空间都可以看到三三两两的学生进行各种活动和交流，而这些空间才是大学环境最值得珍视的，也是校园文化的核心载体。

当然，也有一些广场和平台还没有被利用起来。这些空间的潜质会随着时间的滋养慢慢被发现，它们以后可能会变成绿地、球场、舞台、展场、休憩场地，甚至新的构筑物的基地。校园改造永远都是进行时，这一点又和《俄勒冈实验》异曲同工，我们都认可使用者对于空间的介入价值。校园是一个生命体，它会对教学模式、行为习惯和生活方式不断地做出调整和回应。即使是大规模集式的整体改造，也需要之后持续的有机更新来不断完善。这个过程，就是另一个层面上的空间转化，也是改造的意义所在。

南艺模式最直观的特点当然还是校园的整体性。从规划、城市设计到建筑设计再到景观，都是由一个核心团队来执行和控制的。这就保证了校园的规划设计理念可以得到贯彻，并且可以关注到建筑之间的环境处理。相对来说，在集群设计或者零星的有机更新中，建筑师都会更多地关注自己建筑本身的质量，而忽视校园环境

的营造，再加上不同建筑师对校园环境的理解差异，以及喜欢挑战规划的"天性"，很容易使得校园环境碎片化，建筑之间彼此冲突，缺少对话。南艺模式不但可以更宏观地把控校园的整体环境，并且可以和校方一起建立完整连续的对话机制和共识，统一认识，集中力量，共同朝着一个目标努力。相对于建筑单体，整体设计更关心建筑之间的关系，使得建筑校园环境做到风格统一又各具特色，做到和而不同，彼此调和。

南艺，是一个庞杂的工程。它的成功不仅是设计团队的成功，更是学校的成功，每一个好的建筑项目都是设计师和甲方共同的心血，作为艺术院校，在理念上的一拍即合，合作上的惺惺相惜，都是作为一个建筑师在职业生涯中可遇不可求的。设计师是幸运的，可以完整地展现自己的理念，勾画自己理想中的校园，可以看着它从无到有，从旧到新，再一点点地经历时间的磨砺，变得更加耐人寻味。

每到傍晚，华灯初上，同学们结束一天的课业，结伴走在校园里，看夕阳打在美术馆金属质感的外皮上熠熠生辉，一丛丛的喷泉再将它在池中的倒影打碎，树影婆娑，静静地找一处平台坐下，听风看云，谈书论道……南艺的同学无疑是幸福的，他们是这个园子的主人，在这里度过人生中最美的青春岁月。而这园子里的新老建筑，一池一木，也都将注视着他们的成长，从入学，到毕业。

在南艺的新校园基本完工后，南艺的师生也积极参与到校园建设中。设计学院、美术馆的室内空间，都有大量南艺的老师提出想法，并在建筑师的协助下变为现实。值得一提的是校园里的人防出入口：南艺师生提出的方案让大家眼前一亮，建成的效果也十分别致。

在南艺的新建筑投入使用以后，设计团队对学生进行了随机采访与问卷调查，旨在了解学生对校园新面貌的看法，以及对各个建筑的喜爱程度。

在设计前期的调研中，很多学生表达了对宿舍环境的意见。虽然出于用地紧张等原因的限制，目前宿舍的数量还无法容纳全部学生，但令人欣慰的是，不少学生都在此次调查中将宿舍选为了他们最喜欢的校园建筑，与前期调研形成了很大的反差。同时，被学生们称为"海螺"的美术馆位列学生最喜爱的建筑之首，让美术馆设计、建造中的种种艰辛都显得十分值得。

"南艺的新校园整体很漂亮，外面来参观的人越来越多了，说明学校的影响力也由此扩大，让我们觉得很自豪。平时自己走在校园里面也蛮喜欢的，很舒服。"南艺的学生在接受采访时说，"我们也很为自己的专业教学楼自豪。校园的整体风格很素雅，灰色的建筑显得很宁静，走在校园的路上的心情也跟着好起来了。"关于校园中新老建筑的融合，以及老建筑的外立面改造，学生也给出了自己的看法："影视艺术楼等老建筑的新'外衣'感觉既雅致又复古，是校园里我很喜欢的一点。和新建筑相比，它们更有历史文化的气息，但新建筑也与老建筑搭配的不错。"除了美观之外，实用也是很多学生眼中重要的标准："平时我们都非常喜欢去图书馆，因为空间宽敞，夏天空调又凉快，适合待在里面看书，我最喜欢的就是这样用起来舒服的空间。"

南艺的新校园不仅得到了学生的认可，也有家长说，送孩子入学时只见一片工地，现在南艺校园这么漂亮，都不想让孩子走了。此外，校园优雅的环境也吸引了不少游客。南艺校园的新面貌昭示着南艺在艺术积淀之外，愈发强大的影响力。

美术馆展出活动

在实验剧场

在美术馆外廊

在演艺教学大楼平台

在美术馆展厅

校园建筑总平面图

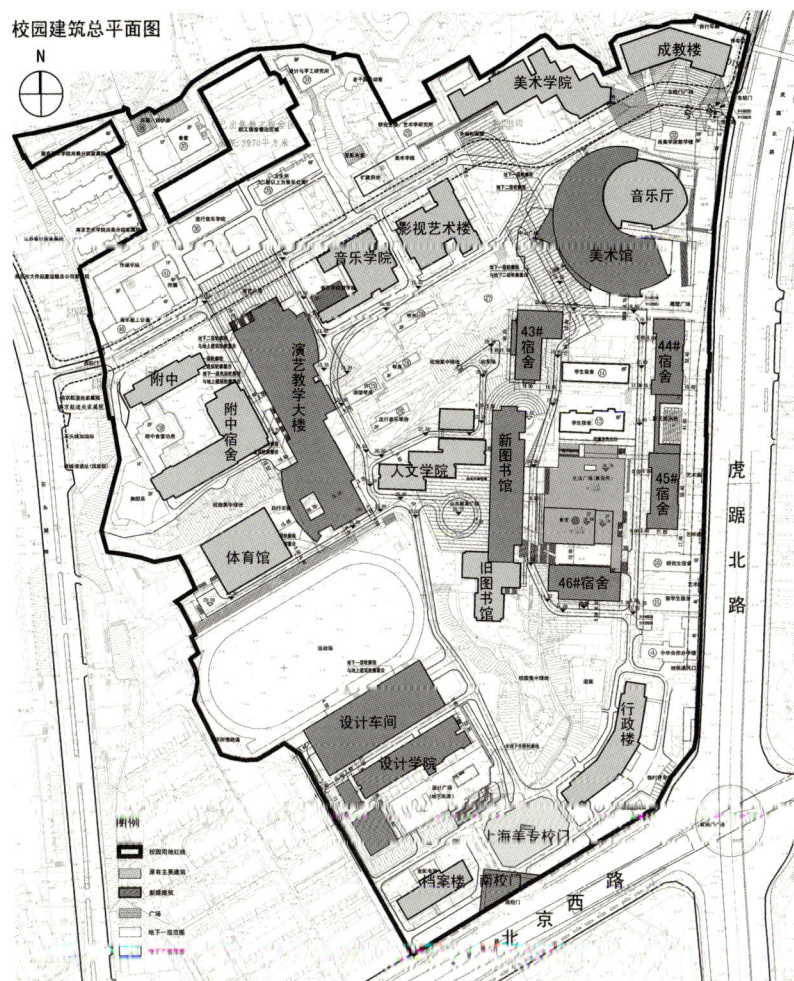

N

成教楼

美术学院

音乐厅

影视艺术楼

音乐学院

美术馆

附中

演艺教学大楼

附中宿舍

43#宿舍

44#宿舍

人文学院

新图书馆

45#宿舍

虎踞北路

旧图书馆

46#宿舍

体育馆

行政楼

设计车间

设计学院

上海美专校门

档案楼

南校门

北京西路

请选出你喜欢的建筑（可多选）

新建:南校门广场　设计学院　设计车间　演艺教学大楼　新图书馆　美术馆　学生广场　43-46号宿舍

原有:行政楼　档案楼　旧图书馆　体育馆　人文学院　音乐学院　影视艺术楼　美术学院　成教楼　音乐厅　附中教学与宿舍楼

喜欢的理由:＿＿＿＿＿＿＿＿＿＿＿＿＿＿＿＿＿＿＿＿＿＿＿＿＿

＿＿＿＿＿＿＿＿＿＿＿＿＿＿＿＿＿＿＿＿＿＿＿＿＿＿＿＿＿＿＿

南艺校园回访调查问卷

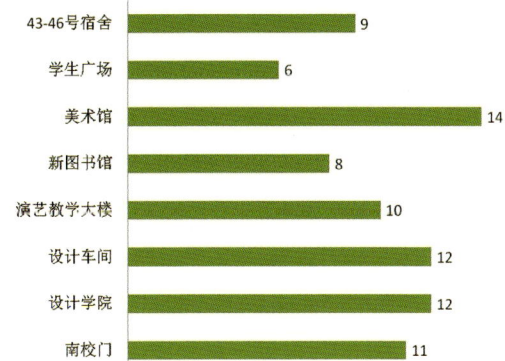

校园新建筑	数量
43-46号宿舍	9
学生广场	6
美术馆	14
新图书馆	8
演艺教学大楼	10
设计车间	12
设计学院	12
南校门	11

学生最喜爱的校园新建筑

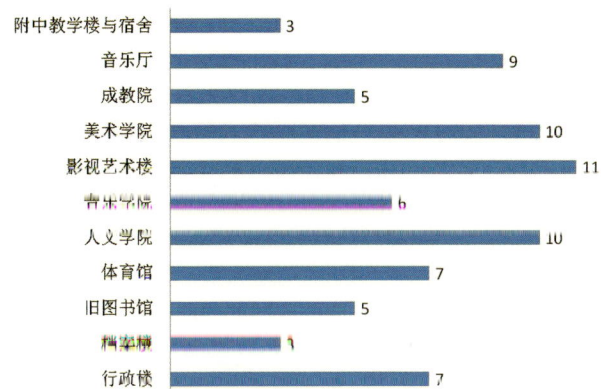

校园老建筑	数量
附中教学楼与宿舍	3
音乐厅	9
成教院	5
美术学院	10
影视艺术楼	11
音乐学院	6
人文学院	10
体育馆	7
旧图书馆	5
档案楼	1
行政楼	7

学生最喜爱的校园老建筑

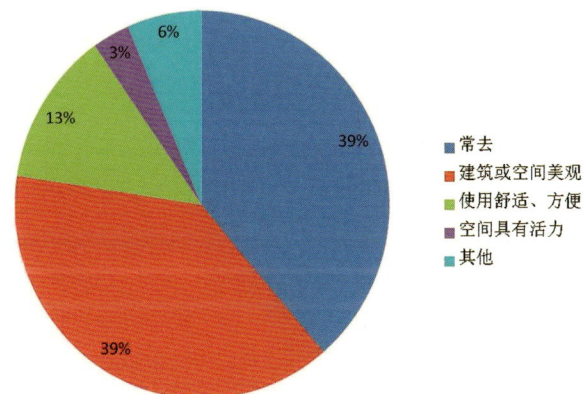

- 常去 39%
- 建筑或空间美观 39%
- 使用舒适、方便 13%
- 空间具有活力 3%
- 其他 6%

学生选择最喜爱建筑的理由

173

南艺规划与建筑座谈会

2013年6月4号，一场关于新校园的座谈会在南艺举行。学校的冯健亲老院长、米如群书记、邹建平院长、崔雄副院长等领导与崔愷院士带领的设计团队聚集一堂，共同回顾了南艺校园的设计历程。在座谈中，南京艺术学院的校领导对南京艺术学院的设计给予了高度评价，表示南艺新校园的建设历程虽然漫长而坎坷，但建成效果十分出色，校园环境实现了根本性的转变。设计团队分享了自己在设计与建造过程中的心得，并且感谢南艺的甲方在过程中给予的理解与配合。南京大学张雷、丁沃沃教授也对校园设计表达了自己的意见，认为校园在环境整体性以及细节等方面具有突出特色，是校园建设很好的范本。

座谈会参加人员

南京艺术学院

米如群：南京艺术学院党委书记

邹建平：南京艺术学院院长

冯健亲：南京艺术学院原院长

黄晓白：南京艺术学院党委副书记、纪委书记

崔　雄：南京艺术学院副院长

刘伟冬：南京艺术学院副院长

张策华：南京艺术学院副院长

王　玮：南京艺术学院党、院办主任

李立新：南京艺术学院科研处处长

顾新跃：南京艺术学院基建处处长

王东舰：南京艺术学院后勤管理处处长

邬烈炎：南京艺术学院设计学院院长

李亦文：南京艺术学院工业设计学院院长

詹和平：南京艺术学院设计学院副院长

丁　怡：南京艺术学院基建处副处长

孙　晶：南京艺术学院后勤管理处副处长

特邀嘉宾

丁沃沃：南京大学建筑学院院长、教授，博士生导师

张　雷：南京大学建筑学院副院长、教授

南艺项目设计组

崔　愷：中国建筑设计研究院副院长、总建筑师，中国工程院院士

张　男：中国建筑设计研究院建筑师

时　红：中国建筑设计研究院建筑师

傅晓铭：中国建筑设计研究院建筑师

赵晓刚：中国建筑设计研究院建筑师

刘　新：深圳华森建筑与工程设计顾问有限公司南京分公司总建筑师

买友群：深圳华森建筑与工程设计顾问有限公司南京分公司副总建筑师

专家看南艺

丁沃沃

南京艺术学院建成后，南艺的师生们得到了一个很漂亮、引以为豪的校园，崔总的团队贡献了一个好的作品。但它的意义还不止于此——七年之间，全国有许多校园都建起来了，但南艺感觉这么好，其中隐含了许多意义——它有艺术、有文化，不仅成为历史，也成为了城市的一部分——这是有些校园做不到的。很多专业人士应该能从南艺的建设中，读出"成为城市一部分"的经验。

我感到，崔总的团队在这七年里，一直在阅读校园的建筑和空间，以及南艺的历史。南校门独具匠心的轴线方向和复建老校门的思路，就体现了这种阅读的成果。崔总团队的设计手法和建筑本身的形式语言已经很成熟了。此次设计的关键在于读透南艺的历史，再以成熟的形式和设计语言将阅读的成果表达出来。这样的设计才是独一无二的。

我们身处匆忙的世界之中，常常忘了阅读。我认为阅读恰恰是崔总团队的优势——所以他改善了南艺的老建筑，南艺的环境，也改善了城市。

校方自己进行的改造和设计团队的作品，都是十分出色的设计。现在的建筑师常常太过自我，反而丧失了作品成为作品的可能性。甲方自己的改造，一部分也是乙方潜移默化的建筑教育的成果。这使得整个建设过程本身也成为了一种行为艺术。我们不必追问哪个建筑是哪一个团队做的，如果每一个建筑师都以自己的行为、作品去影响甲方，还有什么比这更好的状态呢？

张雷

"本土建筑"是崔总作品的特征之一。这种特征并非某种固定的语言或模式，而是将因地制宜摆在非常重要的位置——这一点在南艺的项目中表现得特别充分。我认为好的校园一要有特色——跟其他校园有点不同，又要有归属感——让人喜欢待在这个学校，身处其中感觉愉快、亲切。我认为，这两点都比建筑形式还要重要。

南艺的校园的出色来自两方面，一是崔总团队的努力，一是学校的全力支持。冯院长曾经谈到，他十分尊重建筑师的设计。这一点让我很有感触。做校园设计会承受很多方面的压力，所以学校的理解和支持是促成好项目的重要因素。我认为南艺校园有以下五大特色：

1 环境的整体性。南艺合并了两个各有不同的发展设想和空间格局的校区。而两个校区整合起来以后并没有脱节的感觉，而是浑然一体。这是非常成功的一点。建筑师也没有刻意去表现建筑在形式上的特色，而是着力解决环境的问题，把整个校园串接起来。于是校园形成了完整的格局和关系，新老建筑相得益彰，相互印证——当建筑师去尊重环境和现有条件时，特色反而就来了，而不是在刻意对"酷"的追求中实现的。我听说，好莱坞的导演在与制片方等人的交流中是不能说"我"的，他只能说"观众"。李安导演曾说，中国的导演总是想以电影去表达自己的某种情绪，这是有问题的。艺术家方力钧也说过，艺术家的创作并不是无限自由的，只有把界限搞清楚了，才能自由……在特定的条件下，我们对于环境、使用需求的回应，是创作自由的极限。

2.空间的有机性。整个校园十分灵动，有大量的灰空间存在，将建筑与环境联系在一起。这些设计考虑了使用者的行为，而且将建筑放到了大环境里，这样形成的空间就是有机的。

3.场所宜人。南艺校园与城市的关系是开放的，欢迎周边的百姓也来校园里逛一逛。我认为今后可以有针对性地结合景观，强化一些校园活动的线路，增设标示系统，让校园成为一个更适宜游览、步行、交流的场所。

4.焦点突出。美术馆和音乐厅结合得非常融洽。这两栋亮色建筑与周边灰色建筑搭配得也很协调。在高处，我们可以看到建筑和城市的关系：它虽然是一个焦点，但也是充分考虑环境关系之后的结果，有特点但不唐突。我认为南艺美术馆是我见过国内最好的美术馆。它充满活力，内部空间也设计得非常有机，结构表达也很清晰。有这样一个焦点，是对校园空间品质很大的提升。

5.注重细节。这是我很深的一个体会，南艺的设计需要串起许多不同的标高和场景，需要大量的工作。空间的功能要求也很复杂，矛盾重重，要体验了才能感受到：自流平的施工、费用问题、造价和品质的权衡……设计团队和学校都做了很多工作，最后才达到了比较好的状态。大家都喜欢、认同的作品，一般都是建筑师和业主相互合作、统一认识的结果，来之不易。所以我们很钦佩崔总的设计，也很佩服南艺的远见卓识和对于建设的控制力。

崔愷　　丁沃沃　　张雷

艺术校园，文化载体——
南艺校园规划设计感悟

崔愷

每一次到南艺来，都让我们感到非常高兴。因为自七年前第一次踏入南艺校园起，每次都有宾至如归的感觉。七年前，刚刚来调研场地的我们还有些忐忑，对于场地风貌呈现的巨大反差感到一丝迷茫，但也对古林公园郁郁葱葱的风景留下了很深的印象。当我们与老师们聊了初步的印象与设想后，马上得到了包括冯院长在内很多领导的认同，也让我们有了信心承担这样一项相对漫长的工程。以前，我们对南京的印象停留在玄武湖、中山陵等等标志性的风景上，而那次看到古林公园，我突然对南京、南艺有了新的认识。这座山脊就像两个校区的分界线一样，而我希望把它融解。自此，对于南艺校园规划的思考进入了新的阶段。

从一开始，我们的团队就没有把它完全当作一个工程，而是将它视为一个宝贵的过程——学习校园文化、观察校园环境、了解学生需求的过程，以及一个试图表现

南艺文化发展阶段的过程——我们应当如何记载、回顾反思这段历史，并让后人了解它？在与南艺领导、老师沟通的过程中，我们感受到了一种做文化的态度。大家不仅仅是在围绕工程合同沟通，而是在一同梳理、表现一种校园文化。

所有的工作都从脚踏实地的研究开始。后来，我们不断从规划、单体项目的沟通中得到了领导和老师的认可，也不断接受了新的要求、意见。南艺的建设过程比较漫长，这几年的工作中，我们十分重视建筑师在建造活动中的参与，不断派建筑师到现场进行服务，并依托华森公司南京分公司的支持，在讨论中解决了很多现场问题。更让我们感激的是，从一开始，就没有人逼我们去做轴线，或是把公共建筑做成标志性的，把校园变成官气十足的，而是大家拥有一个共识——如何让校园有机生长。冯院长尊重我们的设计理念，整个设计过程，我们设计团队与南艺沟通、合作得十分愉

校园原貌鸟瞰图

2006　**2007**　**2008**　**2009**

校园总体规划

南校门方案

美术馆方案

南校门建成

43、46号宿舍建成

43~46号宿舍方案

演艺大楼方案

办公楼维修与建成

食堂改造完成

设计学院方案

图书馆方案

设计学院建成

黄瓜园剧场

快。2012年南艺百年校庆，整个校园建设按照预期目标完成，那时来到校园，心里一块石头终于落了地，感觉终于为学校交出了一份尚可的答卷，"螺蛳壳里做道场"的任务也圆满完成了。当然，我们在设计和建造中也有不少问题和有待完善之处；但总体来说，我们对校园环境真切的态度还是得到了广大来宾和师生的认可，也呈现了一座让南艺比较骄傲的新校园。这让我们感到高兴和自豪。

我们一直希望，建筑师将设计做到六至七成，余下的交给学校，为学生、老师的创作活动提供空间。这不是客套话，而是我们对校园本身的期许。在设计中，我们和南艺的老师进行了合作，虽然感受到双方想法的差异，但这也给了我们调整视角的机会，让我们看到了更多使用者的思路，最后建筑的质量也非常出色——空间简洁，连通顺畅，让我们对南艺的老师们十分敬佩。另外，南艺一向强调校园向城市开放，

这一点超出了我们的期望，也让我们十分高兴。当然，建筑的建成效果不可能十全十美，我每次来，都会发现不少瑕疵，反思哪些地方还能做得更好。但最重要的，建筑是为人服务的，南艺为学校的艺术教育和艺术活动提供了背景，大家对它在真实、适用、承载艺术发展等方面的认可让我十分欣慰。校园建成后，我们再度来到南艺，看到学生在拍毕业照、办毕业展，感到了一种与七年之前截然不同的氛围，看到了校园欣欣向荣的面貌。

随着今日中国当代艺术的发展，整个国家在艺术方面呈现着新的面貌。在这样的大背景下，通过校园改造来繁荣艺术教育与艺术活动，对建筑师来讲是非常崇高的责任和非常重要的机遇。南京艺术学院的校园建设对于我们来说也是宝贵的工程经验，希望这些经验对校园建设的工作者有所启发。

2010   **2011**   **2012**

音乐学院扩建完成

46号宿舍建成

44、45号宿舍建成

美术馆建成

校园建成鸟瞰图

图书馆建成

连廊与天桥建成

运动场建成

演艺教学大楼建成

工业设计学院改扩建完成

南京艺术学院工程项目
参加人员

建设单位　南京艺术学院

建设团队

南艺校园建设指挥部

总指挥　米如群　邹建平

副总指挥　黄晓白　崔　雄　张策华

成　员　丁　怡　王　玮　王东舰

　　　　王　虹　王卫东　冯翠华

　　　　孙　晶　齐　勇　李　宇

　　　　李　洪　孟洪生　顾新跃

　　　　袁乐平　韩克祥

基建处

处　长　顾新跃

副处长　丁　怡　袁乐平　是纲林

工程师　林木英　言明镜　平文林

　　　　周　云　张红升　宋学农

　　　　王新刚

财　务　沈耀生　齐　勇

监　察　孟洪生

审　计　李　宇　孙兴仁

招　标　韩克祥　王　虹

设计单位　中国建筑设计研究院

设计团队

总规与修建性详规阶段

建筑师　　崔　恺　张　男　何理建　赵晓刚

　　　　　邢　野　陈　璐　哈　成　董元铮

　　　　　李　斌　潘观爱

总图设计　王雅萍

给排水工程师　赵　昕

电气工程师　张　青

暖通工程师　梁　琳

造价估算　　倬新伦

单体设计与施工图阶段

南校门

广场景观设计　崔　恺　刘　恒

玻璃壁画创作（南艺）　冯健亲　吴映月　杨美华

设计学院

方案设计　崔　恺　张　男　赵晓刚

　　　　　王可尧　何理建　董元铮

建筑师　　崔　恺　张　男　赵晓刚　王可尧

　　　　　石　磊　郑　萌　熊明倩　董元铮

结构工程师　邵　筠　尹胜兰

给排水工程师　赵　昕　周　博

暖通工程师　梁　琳

电气工程师　张　青　马霄鹏

总图设计　王雅萍

玻璃壁画创作（南艺）　冯健亲　邬烈炎

　　　　　　　　　　　吴映月　杨美华

室内设计（南艺）　　詹和平　刘　谯

　　　　　　　　　　卫东风　苏卫红　陈　宁　等

43～46号学生宿舍

方案设计　崔　恺　时　红　张汝冰　叶水清

设计主持　崔　恺　时　红

建筑师　　叶水清　熊明倩

结构工程师　邵　筠　尹胜兰

给排水工程师　赵　昕

暖通工程师　梁　琳

电气工程师　张　青　梁华梅　王　铮

总图设计　徐忠辉

图书馆新馆

方案设计　崔　恺　何理建　赵晓刚　王可尧

施工图设计　深圳华森建筑与工程设计顾问有限公司
　　　　　　南京分公司

设计主持　　崔　恺　刘　新　　　　　设计主持　　崔　恺　买有群　　　　　暖通工程师　　郎　平

建筑师　　　张　男　张　凌　赵晓刚　建筑师　　　从俊伟　　　　　　　　电气工程师　　王为强

结构工程师　邵　筠　　　　　　　　　结构工程师　孙梓俊　董贺勋　　　　室内设计师（南艺）　詹和平　成　果

给排水工程师　高　峰　　　　　　　　给排水工程师　张文建　　　　　　　　　　　　　　　蒲　阳　陈　曦

暖通工程师　劳逸民　　　　　　　　　暖通工程师　柏　文　郎　平

电气工程师　许冬梅　　　　　　　　　剧场室内设计（南艺）　詹和平　卫东风　徐　伟　苏卫红

总图设计　　王雅萍　　　　　　　　　　　　　　　　陈　宁　成　果　等

室内设计（南艺）韩　巍　詹和平　刘　谯

　　　　　　卫东风　徐　伟　等　　　　美术馆

演艺教学大楼　　　　　　　　　　　　方案设计　　崔　恺　赵晓刚　张　男　高　凡

　　　　　　　　　　　　　　　　　　　　　　　　哈　成　董元铮

　　　　　　　　　　　　　　　　　　扩初设计

方案设计　　崔　恺　张　男　赵晓刚　设计主持　　崔　恺　张　男

　　　　　　董元铮　叶水清　　　　　建筑师　　　赵晓刚　王松柏　高　凡

扩初设计　　　　　　　　　　　　　　结构工程师　刘先明　杨　苏

设计主持　　崔　恺　时　红　　　　　给排水工程师　高　峰

结构工程师　邵　筠　　　　　　　　　暖通工程师　邬可文

给排水工程师　高　峰　　　　　　　　电气工程师　许冬梅　王　莉

暖通工程师　劳逸民　　　　　　　　　施工图设计　深圳华森建筑与工程设计顾问有限公司

电气工程师　许冬梅　　　　　　　　　　　　　　　南京分公司

总图设计　　徐忠辉　　　　　　　　　设计主持　　崔　恺　买有群

施工图设计　深圳华森建筑与工程设计顾问有限公司　建筑师　　　张　燕　张　辉

　　　　　　南京分公司　　　　　　　结构工程师　顾　建　邓　斌　沈　伟

　　　　　　　　　　　　　　　　　　给排水工程师　张文建

图书在版编目（CIP）数据

闳约深美：南京艺术学院校园规划与建筑 / 南京艺术学院，中国建筑设计研究院 主编.
—北京：中国建筑工业出版社，2014.8
　ISBN 978-7-112-17183-5

Ⅰ.①闳… Ⅱ.①南… ②中… Ⅲ.①南京艺术学院–校园规划②南京艺术学院–建筑设计 Ⅳ.U244.3

中国版本图书馆CIP数据核字(2014)第189964号

责任编辑：徐晓飞　张　明
责任校对：张　颖

闳约深美——南京艺术学院校园规划与建筑
南 京 艺 术 学 院
中国建筑设计研究院　主编
*
中国建筑工业出版社出版、发行（北京西郊百万庄）
各地新华书店、建筑书店经销
北京雅昌艺术印刷有限公司制版
北京雅昌艺术印刷有限公司印刷
*
开本：889×1194毫米　1/12　印张：15　字数：300千字
2014年8月第一版　　2014年8月第一次印刷
定价：150.00元
ISBN 978-7-112-17183-5
(25974)